学思研行

——我的教育教学研究

刘峰松　著

经济日报出版社

北京

图书在版编目（CIP）数据

学思研行：我的教育教学研究／刘峰松著．

北京：经济日报出版社，2024.9

ISBN 978-7-5196-1527-7

Ⅰ.G4

中国国家版本馆 CIP 数据核字第 2024GD7544 号

学思研行——我的教育教学研究

XUESI YANXING——WO DE JIAOYU JIAOXUE YANJIU

刘峰松　著

出　　版：*经济日报*出版社

地　　址：北京市西城区白纸坊东街 2 号院 6 号楼 710（邮编 100054）

经　　销：全国新华书店

印　　刷：四川科德彩色数码科技有限公司

开　　本：710mm×1000mm　1/16

印　　张：9.75

字　　数：152 千字

版　　次：2024 年 9 月第 1 版

印　　次：2024 年 9 月第 1 次印刷

定　　价：58.00 元

序

  我认识刘峰松老师已经很多年了。她个头不高，每次遇到，她总是笑嘻嘻的，精神头十足。她的数学课深受学生喜爱，班级平均成绩总是排在同学科教师前列，所以很快脱颖而出，被提拔为教科室主任。后来我离开开发区中学，听说她也被调入人民路中学负责教师专业发展工作了。由于工作繁忙，平时疏于联系，还以为很难见到了，谁料在参加人民路中学开展的活动时正好遇见。在聊天中得知她要出版专著，还让我给她写序，这着实让我吃惊，只知道她近几年很努力，没想到进步这么大。想想自己虚度太多光阴，不免感到汗颜，便欣然接受了这项艰巨且荣幸的任务。

  刚参加工作时，我也是教代数与几何，因此对本书涉及的知识内容颇有亲切感，也深感刘峰松老师积累了丰富的教学经验，她的教学设计理论与实践相结合，形成独特的教学风格。这本书就是她多年来辛勤耕耘的结晶，是她教学经验的集萃、教学生涯的记录和教育情感的流露，不仅彰显教学理论的活力，更充满人格魅力。

  课堂是教师专业发展的舞台，教师的专业发展依托于日常教学实践，但是如果只实践而不去研究，零散的教学经验缺乏总结提升，何谈实现教师的专业成长。本书既有教学思想的引领，又有教学内容和教学设计的展现。刘老师对不同章节的把握、解读和设计，都能体现出一位名师的底蕴、智慧和创新。刘老师是高素质教育的一个代表，本书也达到了"真"的境界，凸显了"实"的教育，有很强的实用性和可操作性，无疑会给一线老师和教学管理者带来启迪和感悟。

  细读本书，可以看出一个教育工作者对数学教学教研的深入思考和不懈追求，这也是刘老师成长路上的真实轨迹。我感慨于刘老师多年来在数学教学道路上的实践与思考，更被她的勤勉与执着深深感动。在诸多荣誉和光环面前，刘老师并没有失去定力，更没有变得浮躁，而是在兢兢业业做好本职工作的同时，不断总结反思自己的教学教研工作，精益求精，向更高的目标进发。希望刘老师以及像她一样勤奋的老师们，在教育之路上越走越远。

包玉娟

（作者系山东省单县教育和体育局督导室主任）

前　言

本书主要记录了我在教育教学工作中具有代表性、创新性的教学实践，是我作为一名县区中学的教研组长近几年来的工作总结。

本书共分六章。第一章"教学思索篇"和第六章"教学随笔篇"是对教育教研情愫的一种抒发，是对教育创新工作的一个展示，也是对自身工作的一段总结与反思。第二章"教学实践篇"、第三章"听评课反思篇"与第四章"备考研究篇"是数学学科的多项专业展示，也是自我反思。第五章"教育引领篇"是作为教学管理者在引领教师专业发展、提高教育教学质量方面的一些心得。与其说本书是科目知识研究，不如说是教学与管理的经验得失，希望对基层教育管理者和教师的教育、教学和教研有一定的借鉴和参考作用。

虽笔拙纸短，但情深意长。若真能给大家带来一丝收获，则备感荣幸！

作　者

目 录 Contents

第一章 教学思索篇

　　教育科研课题研究是用先进的教育理论作指导，采用科学有效的方法、规范的形式来解决学校发展、课堂教学、教师成长、家庭教育等各方面的问题和困惑，总结课程改革中成功的经验，反思教育教学中的行为，推广应用先进成功的科研成果，提高教育教学质量的认识实践活动。参与教育科研活动，实际上是要求教师在更高的水平层次上展开教学活动，即从强化日常教学中蕴含的科研成分着手，以科研的思路去重新审视教学过程，发现问题，思考问题，解决问题；并通过教学实践使其得到验证与完善，从而使教学工作逐步向最优化方向发展，同时也使自身的素质得到提升。

第一节　教学论文

初中数学"探究式"备课初探①

许多教师在备课中习惯花大量时间和精力分析教材的教学内容，即了解教材安排几个环节、学习几个内容、要做几道习题等，却很少挖掘教材知识外传递给学生的社会价值。这种备课只能算是一种学习和吸收，甚至是一种重现和模仿，学生很难从思维能力、探究能力和创新能力上得到提高和发展。新的数学课堂教学要求我们必须让学生通过主动学习体验知识的形成过程。因此，如何设计教学过程，做"探究式"备课是每一位数学教师应该探究和深思的问题。

一、初中数学"探究式"备课意涵

"探究式"备课即教师在备课活动中，对所教内容进行课程的设置，教学内容的衔接，问题的预设、提问、回答等的一种研究活动。"探究式"备课不仅把教材、学生、教法和教具等作为熟悉对象，同时将其作为探讨对象，做出某种程度的独立解释，形成个人的体验和认识，并结合自身特点和学生实际，合理有效地对教材进行再创造。

二、初中数学"探究式"备课实施策略

（一）备新课标，确立教学目标

1. 备新课标

研究《义务教育数学课程标准（2022年版）》（下文简称"新课标"），明确某阶段学生将某类知识点掌握到何种程度，并在课时备课中分解新课标。

---

① 本文发表于《山东教育（中学刊）》2022年第14期。

在确立课时教学目标时，掌握有效的新课标解读技巧至关重要。要明确目标主体是学生，这意味着所有教学目标的设定都应以学生的实际情况和学习需求为出发点。这些目标需要是可观察、可操作和明确的，以便教师和学生能够清晰地理解并付诸实践。教师需要将新课标的内容进行分解。例如，对于"能从数量和数量关系、图形和图形关系中，抽象出数学概念及概念之间的关系"这一教学目标，应将其分解为四个知识点，以便学生逐步掌握。

在教授过程中，借助现实情境是一种非常有效的方法。通过具体情境，学生能够更直观地理解代数式的意义，学会分析简单问题中的数量关系，并学会用代数式来表示这些关系。这种方法不仅能够激发学生的学习兴趣，还能帮助他们将所学知识应用到实际生活中去。

在表述教学目标时，通常采用"行为条件+行为主体+关键动词+核心概念+行为程度"的结构。这种结构能够清晰地表达学生的学习行为、所需条件、核心学习内容以及所期望达到的学习程度，从而使教学目标更加明确和具体。通过这种方式，教师和学生都能够对教学目标有一个清晰的认识，从而更好地指导教学和学习活动。

2. 备学科核心素养

了解学科核心素养的含义、关系及相互作用。教师应从知识理解、知识迁移、知识创新三个层面剖析学科核心素养。只有理解学科核心素养目标，才能结合课时进行教学和准确定位。

（二）备学情，了解学生的认知发展区

1. 备学生的知识基础，确保教学有的放矢

了解学生原有的知识基础、最近区域的发展情况迁移，对接新旧知识及上节课的课堂生成、作业处理情况等。

2. 备学生的活动经验，提高探究技能

在相关知识的学习过程中，教师要了解学生已经积累了哪些解决此类问题的经验和研究方法，是否具有了一定的合作学习的经验与能力，进而进行深入探究学习。

（三）备考情，做出考情分析

1. 备研中考试题，拟定"双向细目表"

研究近五年的中考试题，利用"双向细目表"对各个知识内容、各级能

力水平进行得分率统计，便于教师对教学目标不断进行调整。学生根据"双向细目表"对答卷情况进行分析，写出失分原因，调整学习策略，改进学习方法，提高学习效率。

2. 备研中考试题，进行考情分析

研究中考试题，分析某知识点考查频率、难度及呈现题型。细化该知识点在近几年中考试题中考查的频率、难度系数，常出现的题型是填空题、选择题还是简答题等。

（四）备侧重点，让备课优质高效

1. 关注思维容量和对核心素养的培养

教师备课时，要着眼于向学生渗透数学思想方法和养成良好思维品质，找准教材与生活实际的契合点设计教学活动，让学生在活动中成长。

2. 深入挖掘教材，补充资源，填充思维空间

教师在备课时，首先要充分挖掘教材，领会新课标的要求，仔细揣摩编写者意图，创造性地使用教材，做教材的开发者和建设者，多角度地培养学生的发散思维能力。

3. 交换师生位置，提出、分析和解决问题

教师进行教学设计时，应将自己放到学生的位置，假设自己是学生，在面对新知识时会产生哪些疑惑，有哪些知识背景、知识之间的关联是需要了解的，又该如何分析、处理这些问题。

4. 反思课堂教学，及时进行课后集备

教师备课再充分、问题安排得再具体，课堂上也会发生一些预料不到的事件，此时教师必须学会反思、创新、应变，成为实践的探索者和实施者。如课后集备反思课堂上的亮点、闪光点、遗憾点以及不足等，具体有教材处理最恰当的地方、师生双边活动最满意的地方、备课欠考虑的地方、突发事件等，以此积累经验，方便以后更好地进行教学。

三、备课实操——以复习课为例

备课一般分为新授课、练习课、复习课、活动课等几种常用的课型。但教师在平时的教学中，大量的时间关注的可能都是新授课的备课，这里我想

以单元复习课为例，谈谈怎样备课。

（一）明确复习目标

复习课不是简单地重复已学过的知识，而是要帮助学生巩固基础，深化理解，并提高他们的解题能力。因此，教师需要分析学生的学习情况，确定需要复习的重点和难点。

（二）梳理知识体系

复习课需要系统地梳理知识，形成完整的知识体系。教师可以按照章节或主题来组织复习内容，确保所有重要的知识点都被涵盖。同时，教师还需要注意知识点之间的联系，帮助学生建立知识网络。

（三）精选代表题目

教师需要精选一些具有代表性的题目，包括基础题、综合题和拓展题。这些题目应该能够涵盖所有的知识点，并能够帮助学生提高解题能力。

（四）注重知识运用

复习课不仅要让学生记住知识，更要让他们能够运用知识解决实际问题。因此，教师可以设计一些与生活实际相关的问题，让学生运用所学知识进行解答。这样可以帮助学生更好地理解知识的实际应用，并提高他们的学习兴趣。

（五）采用多样化的教学方法

复习课的教学方法应该多样化，以激发学生的学习兴趣和积极性。教师可以采用讲解、讨论、小组合作等多种形式来组织教学活动。同时，教师还可以利用多媒体技术来辅助教学，提高教学效果。

四、总结

"探究式"备课的核心在于深入探究新课程的理念，深刻理解新教材的编写目的，并与旧教材进行对比分析，以明确教学目标、重点、难点和关键点，同时预见学生可能遇到的挑战。这一过程涉及教师对课堂教学中每一个环节的精心准备，包括问题情境的巧妙设计、具体问题的精心设置，以及教具和学具的制作与使用等。

值得注意的是，"探究式"备课不仅仅关注"教什么"和"怎样教"这两个层面。其真正的价值在于，通过教材的引导，使学生能够亲身参与学习的过程，从而提炼出有效的学习方法，有系统、有策略地主动探索知识，提升技能，并最终实现核心素养的全面发展。这是"探究式"备课的核心追求和根本目标。

初中数学情景式教学中的创新思维训练研究①

初中数学情景式教学是顺应新课标改革的教学形式，是在经过多次理论和实践之后得到的教育改革，更为符合学生的学习和个人发展需要。在初中数学教育过程中，通过情景式教学可以将抽象的课本内容变得具体，对学生进行创新思维的训练，让学生积极参与到初中数学的学习中来。

一、情景式教学的概念

情景式教学是指教师在以实现教学目标的前提下，通过直接或间接的方式给学生展示鲜明的知识点，让学生身临其境，在视觉、听觉、触觉的冲击下，更好地理解知识的一种教学方式。这种教学方法旨在利用富有感情色彩的场景，以生动形象的情境激起学生学习和练习的情绪和感情，从而达到教学目的。情景式教学可以调动学生的学习积极性，促使他们自主学习和自主探究，进一步达到教与学的和谐统一。

情景式教学具有形象逼真、情深意长、知情意行融成一体等特点，并且以其直观性、趣味性、生动性，激发学生的参与和学习欲望。在教学中，教师可以利用电教设备、板画、语言等手段创设情境，帮助学生更好地理解知识，提高学习效果。情景式教学也有助于提高学生的欣赏水平，培养他们的审美意识。

情景式教学在语言学习中有广泛的应用，教师可以设计一些实际的情景，引导学生运用所学的词汇和语法知识进行对话、表演或写作。此外，情景式

①本文系山东省教育科学规划课题《初中数学情景式教学中创新思维训练研究》的阶段性研究成果，课题编号：2022CZD043，课题主持人：刘峰松。

教学还可以应用于其他学科的教学中，如数学、物理、化学等，通过模拟真实情境，帮助学生更好地理解和掌握知识。

二、初中数学情景式教学中创新思维训练的特点

（一）教学环境"美"

初中数学情景式教学是通过多样化的教学手段和形式构建"美"的教学环境，"美"的教学环境包含了教学器材、教学课件、教学语言、教学知识等，这些都可以帮助学生更好地发现初中数学学习的快乐，激发学生的热爱，调动学生的正向情绪，有助于学生开拓创新。

（二）情境教学"优"

初中数学情景式教学可以帮助教师全身心地投入教学，激发学生的求知欲。教师应通过对教学技巧、教学形式的完善，传递自己的情感，从而激发学生的学习热情，达到学生自主学习的目标，并且可以更好地开展创新思维训练。

（三）抽象理论"动"

初中数学情景式教学可以让抽象的内容"动"起来，教学情景化就是从具体的内容出发，建成一个和内容相符的环境，在课堂中积极展示出来。初中数学课本中有不少抽象的公式和内容，需要通过创建全新的教学情境才能让这些知识更为生动，以此帮助学生理解、吸收知识。

三、初中数学情景式教学中创新思维训练的策略

（一）转变抽象内容

在初中数学情景式教学中，教师可以借助多媒体，运用微课、PPT 等多样化的方式将零散知识点整合，使其形成一个互相联系的整体。将抽象的、难以理解的公式具象化为图形或模型，帮助学生理解，使学生的感官更易接受这种知识点，为课堂创造更多的可能。

（二）问题互动教学

在初中数学情景式教学中，教师可以善用问题互动的形式，在情境中提

问。问题设置需有巧妙性、新颖性、趣味性，通过这些问题激发学生兴趣，拉近师生之间的距离，达到创新思维训练的目的，以此提升初中数学情景式教学的成效。

（三）引导讨论情境

在初中数学情景式教学中善用讨论，有助于让学生学会合作。学生一同进行创新思维训练，增加了集体互动的机会；学生还可以通过小组来解决问题，分工协作。这样的情境教学模式，可以营造一种民主、平等的氛围，使学生的主观能动性得到有效发挥。

四、总结

总而言之，在初中数学情景式教学中进行创新思维训练的形式多种多样，应该选择适合的形式，讲求形式的有效性，提升初中数学教学的成效。

参考文献：

[1] 吴建国. 初中数学"情境教学"策略探索与实践 [J]. 科学咨询（教育科研），2022（2）：217-219.

[2] 戴治慧. 初中数学情境教学的实践研究 [D]. 扬州：扬州大学，2022.

[3] 于昊阳. 初中数学教学中情境创设的现状调查与分析 [D]. 沈阳：沈阳师范大学，2019.

[4] 白俊婷. 初中数学情境导入教学的探索与实践 [D]. 武汉：华中师范大学，2018.

核心素养导向下如何进行数学课例题教学①

例题教学是数学课堂教学的重要环节。例题既为学生提供解决数学问题的范例，也能体现数学思想，揭示数学方法、规律，规范解题步骤等。如何

---

①本文发表在《教育研究》2022年1月号上；并于2022年4月获第二十二届单县自然科学优秀学术成果奖二等奖。

在核心素养导向下进行例题教学，将学科素养的培养目标与三维目标进行融合，确保核心素养真正落实到位，是当前任课教师需要学习、探讨和解决的问题。

下面我结合平时的教学实际，就如何提高例题教学的有效性，谈谈自己的几点做法。

一、例题的定位及策略

先整体解读、分析教材编写的脉络，找出知识结构，分析定位例题的类型，进行针对性设计。

（一）记忆型例题

记忆型例题要求学生先回忆与例题有关的知识，属于简单的背诵，让学生轻松进入学习状态，再引入本堂课的内容。

（二）判断或选择型例题

判断或选择型例题要求学生明确概念，挖掘概念的内涵与外延，准确进行判断，或进行比较、选择。这类题目一般涉及的知识面广泛，学生运用所学内容及各方面的知识、经验，并融入体悟、思想、价值观，有利于培养学生自主发展、勤于思考的核心素养。

（三）理解型例题

理解型例题要求学生对已学过的知识进行回忆、理解、举例、比较、分类、总结等，培养学生的思维能力。

（四）应用型例题

应用型例题旨在引导学生将所学的概念、规则和原理等知识实际应用于特定的问题情境中。这类问题通过阶梯形设计，逐步引导学生深入思考，从而帮助他们巩固已学的知识，鼓励他们探索和学习新领域的知识。应用型例题着重培养学生运用已有知识解决问题的能力，这种能力不仅有助于他们应对学业挑战，更对培养学生的核心素养，如批判性思维、创新能力和问题解决能力等，具有深远的影响。

（五）分析型例题

分析型例题，提示学生首先分析知识结构的因素，摸清概念之间的关系或前因后果，然后再理清解题思路。从而提高学生分析问题、挖掘隐性问题的能力，也是提升学生核心素养的好办法。

（六）创新型、开放型例题

创新型、开放型例题，首先让学生发现知识之间的内在联系，将一些概念、规则重新组合，再进行综合性分析，通过创造性思维进行深层思考；让学生发散思维，得出个性化结论。

二、例题的剖析与讲解

例题是概念、定理、公式、法则等知识的再现和运用，引出例题前，要精心创设问题情境，让学生知其然，并知其所以然。

（一）讲解出学生的需求

例题的教学既不能照本宣科，也不能让学生自己体会，而是通过分析问题、提炼信息，让学生学会主动学习、思考、质疑、体悟。在讲解例题前，要让学生自己读题、审题，教师应了解学生解题情况，针对学生的需求进行讲解，让学生对知识点印象更深刻。

（二）讲透例题的本质

例题具有知识性、典型性、探索性，更是学生学习数学知识的范例。在例题的讲解中，要充分挖掘题目的功能及隐性内容，通过分析、质疑、探究，让学生弄清题目的本质及知识结构。教师要挖掘教材的隐性内容、设计好问题梯度，使学生的学习达到举一反三的效果。

（三）讲清蕴含的数学方法

在例题讲解中，重要的是让学生真正领悟隐含于问题中的数学思想方法，逐步用数学思想方法指导思维活动。这样一来，学生在遇到同类问题时才能胸有成竹、从容对待，进而对所学知识有深刻理解。

（四）使学生反思

在例题讲完以后，要让学生对解题过程和教师的讲解过程进行反思，反思题目中所学知识的体现形式、思维过程、解题过程、一题多解、一题多变及思考解决此题所用的数学思想方法等。在反思中进行分析比较，更透彻地理解例题里的知识点。

三、例题的补充

例题无法将所学知识全都呈现出来，因此需要补充一些题目，将补充题目进行分析和讲解，以便更好地体现知识的应用和知识点间的联系。

四、总结

总之，为了更好地体现学科核心素养导向，在例题教学中，教师要给学生充分的思维活动空间，充分发挥学生参与活动的主动性，尽可能靠学生自己发现解题思路和动手作答，进而提高学生的思考、自学、实践创新能力。

浅谈初中数学概念教学策略①

本文在借鉴国内外众多教育研究者的概念教学策略的基础上，结合自己的授课经验，在概念的引入、理解、巩固、应用和联系五个环节分别提出了一些教学策略以供大家参考。

一、引入概念

引入概念是概念教学的第一环节。恰当、合理的概念引入不仅能将教学内容与现实生活相互联系，符合学生的认知结构和思维水平，又能体现教师的教学技能。因此教师选择概念的引入策略很关键。

（一）生活实例引入

初中低年级学生的抽象思维不强，最好设计一些典型事例，分析、总结、归纳出这一类事物的共同本质特征，从具体材料中抽象出概念，这样能让学生更容易理解概念，还能促进学生的实践意识。

（二）数学活动引入

初中数学教材里每节课大都会编入一种或多种教学活动实验素材，目的

———————————

①本文系 2021 年度菏泽市教育科学规划课题"初中数学概念教学的实践与研究"（项目编号：2020093）的阶段性研究成果。

是让学生在"做中学，学中做"，通过学生动手操作，加深对概念知识的印象。

（三）问题引入

许多数学教学活动始于问题，一个简单的问题就能激发学生的探究欲望，使其在解决问题的过程中获得新知识，或从旧知识中获取新知识。

（四）类比引入

数学知识间存在密切的联系，逻辑性很强，特别是数学概念，往往用一个概念去说明另一个概念，甚至有些数学概念很相似。对于这样的概念教学，最好的办法是采用类比，引导学生思考知识点之间的共性与区别，起到举一反三的效果，学生的印象也会更深，促进其对知识点的记忆。

（五）直接引入

有些简单或思维性不强的概念，在进行教学时，可以直接给出定义，简单明了地让学生理解概念。

二、理解概念

掌握数学概念最重要的就是理解。如何做到让学生深刻理解概念？还要从概念之间的区别与联系上下功夫。

（一）明确概念的含义

通过引入环节得出概念的定义后，要继续进行分析，讲述概念的内涵与外延。对于低年级的学生来说，遇到比较难理解的相似概念，很难区分其本质特点，教师要借助实例加以阐明。

（二）举正反实例

正例指的是基于某一数学概念或原理的核心属性，直接列举出符合其性质的具体实例。这些实例能够直观地展示事物的本质特点，有助于学生深入理解并掌握概念的内涵和外延。通过正例的展示，学生能够更加清晰地认识到该概念或原理的适用条件和范围。

反例列举则是那些表面看似相似，但实际上并不具备该事物本质特征的例子。这些例子往往容易与正例混淆，但正是通过对比和辨别反例，学生能够更加深刻地理解事物的本质。了解事物的反面特征，有助于学生避免在实际应用中产生混淆和误解，从而更加准确地把握和运用相关的数学概念或原理。

（三）变式训练

"变式"，顾名思义是改变外在的形式，但不改变事物的本质特点。例如由反比例函数的表达式 $y = \dfrac{k}{x}$（$k \neq 0$），可知 $xy = k$，$y = kx^{-1}$。可见，变式基本上是从概念本身推导出来的多种恒等变形，让学生做变式训练能提高其举一反三、触类旁通的迁移能力。

（四）数形结合

有些数学概念比较抽象，不容易被学生理解、接受。在这种情况下，如果教师借助几何图形来帮助学生理解，就可以将数学概念直观化、具体化、简洁化。

（五）多媒体教学

借助计算机等科技教学手段能从多种角度使用灵活变通的模拟软件直观呈现数学概念，特别是运用在几何图形的教学过程中，学生更易理解。

三、巩固概念

（一）即时复述

在学习概念时，如果学生不能完整记住概念，当然也就不能更好地理解概念了，这说明概念的记忆是非常有必要的，只有记住了，才可能灵活应用。所以，在课堂教学时，教师要强化学生的概念记忆，让学生对定义进行即时复述。

（二）跟踪练习

跟踪练习是巩固概念的好方法，能让学生及时反思、改进，这样就要求教师精心设计练习，要适度且有针对性。在练习时，还可以增加对易混淆概念的辨析，达到巩固概念的效果。

（三）概念应用

在教学抽象的数学概念时，若只让学生简单记忆，则很难将知识内化，更谈不上灵活应用，教师要将抽象概念设计成具体问题，一方面提高学生解决实际问题的能力，另一方面帮助学生更好地理解抽象概念。

（四）概念联系

很多知识之间是相互联系的，特别是在概念教学中，通常用一个概念来解释另一个概念，形成系统的知识网络，有利于学生理解和记忆。这就要求教师在概念教学的过程中，善于提及相关概念，指出新旧概念之间的区别与联系，加深学生对知识的理解，同时也能提高学生的知识迁移能力。

从数学中考谈创新思维的培养①

随着《义务教育课程方案和课程标准（2022年版）》的颁布和教育改革的不断深化，近几年中考试题命题在理念上也有了相应的变化，即从应试教育向素质教育转型，并指向学生数学核心素养的培养，尤其注重对学生创新能力的考查。中考试题命题每年都在创新，以培养学生的创新思维、应用意识，助力创新人才的培养与选拔。

数学教学中，培养学生创新思维的一个关键点和重要前提是教师创新能力的培养，教师只有掌握更多创新性的方法，才能教会学生思考方向、学习方法和解决问题的思路。本文以菏泽市2023年中考数学题解析为例，浅谈学生创新思维培养的重要性。

一、利用知识迁移促进创新思维

知识迁移是将不同领域的知识进行结合和整合的过程，挖掘不同领域中的联系和潜在的创新点，从而促进思维的创新。通过类比思维、概念迁移、直接迁移等方式将不同领域的知识从一个领域逐步迁移至另一个领域，并尝试进行应用和创新。例如在学习"两点之间线段最短"时，通过知识迁移创新性地解决"将军饮马""造桥选址"等问题。迁移能帮助我们在现实生活中少走弯路，从而达到省时、省力、高效的效果。

---

①本文系山东省教育科学规划课题"初中数学情景式教学中创新思维训练研究"的阶段性研究成果，课题编号：2022CZD043，课题主持人：刘峰松。

例1：如图1-1，在四边形 $ABCD$ 中，$\angle ABC = \angle BAD = 90°$，$AB = 5$，$AD = 4$，$AD < BC$，点 E 在线段 BC 上运动，点 F 在线段 AE 上运动，$\angle ADF = \angle BAE$，则线段 BF 的最小值为_____。（2023菏泽中考数学试题第14题）

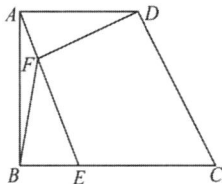
图1-1

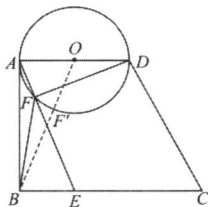
图1-2

【分析】要满足 BF 最小，确定动点 F 的运动轨迹是关键。从已知出发，可判断 $\angle DFA = 90°$，定弦所对的角是定值，所以满足条件的 F 点就在以 AD 为直径的圆上。可设 AD 的中点为 O，以 AD 为直径画圆，如图1-2，连接 OB，设 OB 与 $\odot O$ 的交点为点 F'，证明 $\angle DFA = 90°$，可知点 F 在以 AD 为直径的半圆上运动，当点 F 运动到 OB 与 $\odot O$ 的交点 F' 时，线段 BF 有最小值，据此求解即可。

解： 设 AD 的中点为 O，以 AD 为直径画圆，连接 OB，设 OB 与 $\odot O$ 的交点为点 F'，

∵ $\angle ABC = \angle BAD = 90°$，

∴ $AD /\!/ BC$，∴ $\angle DAE = \angle AEB$，

∵ $\angle ADF = \angle BAE$，∴ $\angle DFA = \angle ABE$，

（或者：∵ $\angle BAD = 90°$，即 $\angle BAF + \angle DAF = 90°$，又∵ $\angle ADF = \angle BAE$，∴ $\angle ADF + \angle DAF = 90°$，∴ $\angle AFD = 90°$）

∴ 点 F 在以 AD 为直径的半圆上运动，

∴ 当点 F 运动到 OB 与 $\odot O$ 的交点 F' 时，线段 BF 有最小值，

∵ $AD = 4$，

∴ $OA = OF = 0.5AD = 2$，∴ $OB = \sqrt{5^2 + 2^2} = \sqrt{29}$

∴ BF 的最小值 $\sqrt{29} + 2$ 或者 $-2 + \sqrt{29}$。

思路点拨： 一是先尝试找到符合条件的点，二是要分析几何动态问题的

特点：（1）经常需要分情况讨论；（2）在求动点运动时间的问题中，要注意时间的取值范围，结果一旦不在取值范围之内时，检查图形是否存在。三是半径为定值时，求 BF 的最小值就是求 OB 的最小值。此题的解决思路就是利用知识迁移将动点问题转化成最短线段问题，促进了学生创新思维的形成。

二、利用情境创设培养创新思维

苏联著名教育家、心理学家赞可夫曾说："教学法一旦能触及学生的情绪和意志领域，触及学生的精神需要，就能发挥高度有效的作用。"创设教学情境可以激发学生的学习兴趣、唤起学生的探究欲望、为新知识与旧知识搭建桥梁。注重数学与生活实际的联系，从学生熟悉的生活情境出发，不仅能让学生感到亲切放松，而且还能激发学生的解题兴趣。例如，在解决例题 2 时，将数学问题置于"牡丹之乡菏泽"这个极富文化内涵的情境之中，更能激发学生的创新思维。

例 2：某学校为美化学校环境，打造绿色校园，决定用篱笆围成一个一面靠墙（墙足够长）的矩形花园，用一道篱笆把花园分为 A、B 两块（如图 1-3），花园里种满牡丹和芍药，学校已订购篱笆 120 米。（2023 菏泽中考数学试题第 21 题）

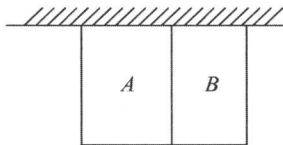
图 1-3

（1）设计一个使花园面积最大的方案，并求出其最大面积；

（2）在花园面积最大的条件下，A、B 两块内分别种植牡丹和芍药，每平方米种植 2 株，知牡丹每株售价 25 元，芍药每株售价 15 元，学校计划购买费用不超过 5 万元，求最多可以购买多少株牡丹？（2023 菏泽中考数学试题第 21 题）

分析：（1）设长为 x 米，面积为 y 平方米，则宽为 $\frac{120-x}{3}$ 米，可得 y 与 x 的函数关系式 $y=-\frac{1}{3}(x-60)^2+1200$，∴ 当 $x=60$ 时，y 有最大值 1200，此时，宽为 $\frac{120-x}{3}=20$（米），即长为 60 米，宽为 20 米时，有最大面积，且最大面积为 1200 平方米。

思考：此题如果墙不是足够长，而是固定长 51 米时，则考虑 $x \leq 51$，由于 $a = -\frac{1}{3}$，对称轴 $x = 60$，y 随 x 的增大而增大，此时 $x = 51$ 时面积有最大值，为 1173 平方米，而不是 1200 平方米。

（2）设种植牡丹的面积为 a 平方米，则种植芍药的面积为（$1200 - a$）平方米，由题意列出不等式 $25 \times 2a + 15 \times 25(1200 - a) \leq 50000$，解得：$a \leq 700$，求得种植牡丹面积的最大值，即最多可以购买 1400 株牡丹。

思路点拨：一是要有函数意识和方程意识，将要求的问题用方程表达出来，再利用函数的最值求解；二是在此基础上进行拓展，函数的最值也受实际情况限制，引出上述"思考"中的内容。

三、利用一题多解培养创新思维

一题多解是指从不同角度，运用不同的思维方式来解答同一道题的思考方法，经常进行一题多解的训练，可以发散学生的思维。教师可以引导学生从多角度、多途径寻求解决问题的方法，开拓解题思路，总结解题规律，提高学生分析问题和解决问题的能力。

中考试题中的开放性问题能够让学生从不同角度、不同层面去思考、分析、解决问题，以此培养其创新思维。以 2023 菏泽中考数学试题第 24 题第（1）问为例，分享三种不同的解法。

例 3：如图 1-4，已知抛物线 $y = -x^2 + bx + c$ 与 x 轴交于 A、B 两点，与 y 轴交于点 $C(0, 4)$，其对称轴为 $x = -1.5$。（1）求抛物线的表达式。

【分析】方法一：对称轴方程法

由题意 $C(0, 4)$ 得 $c = 4$，再根据对称轴方程求出 $b = -3$，即可解 $y = -x^2 - 3x + 4$。

方法二：对称法

由题意 $C(0, 4)$，对称轴为 $x = -\frac{3}{2}$，可得 C 点关于此对称轴的对称点 C' 的坐标（$-3, 4$），分别将 $C(0, 4)$ 与 $C'(-3, 4)$ 的坐标代入 $y = -x^2 + bx = c$，可求解 $b = -3$，$c = 4$，即可解 $y = -x^2 - 3x + 4$。

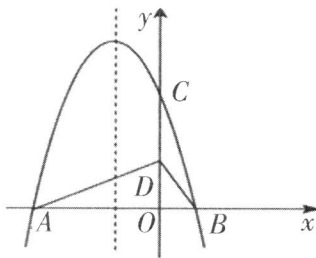

图 1-4

方法三：顶点式法

由已知对称轴 $x=-\dfrac{3}{2}$，可设抛物线的顶点坐标为 $\left(-\dfrac{3}{2},\ k\right)$，设抛物线 $y=-(x+\dfrac{3}{2})^2+k$，用待定系数法可把 $C(0,4)$ 代入此抛物线解析式，得 $k=6.25$，所以抛物线的表达式为 $y=-(x+\dfrac{3}{2})^2+6.25$，最后整理成一般式 $y=-x^2-3x+4$。

思路点拨： 本题考查用待定系数法求二次函数的解析式，从不同角度思考问题，综合函数的性质，利用数形结合的思想进行分析。确定此二次函数解析式的三种方法：一般系数 a、b、c 三个未知量中有一个已知量，求另外两个未知量。

对称轴方程法：已知一点坐标和对称轴，直接利用对称轴方程即可解；

对称法：利用对称轴的性质，已知一点求其对称点，利用两点坐标求未知量；

顶点式：利用顶点式公式和一点坐标即可解。

此题第一种对称轴方程法是常规思考，第二种对称法、第三种顶点式法便是从创新的角度引导学生发散思维，既培养创新思维又将相关知识点纵横联系形成系统。

四、利用数学思想方法促进思维创新

数学思想方法是在数学的发展过程中逐步形成的一整套行之有效的思想方法。一般认为是一类数学方法的概括，是贯穿于该类数学方法中的基本精神、思维策略和调节原则。常见的数学思想方法有：函数思想、分类讨论思想、数形结合思想、函数与方程、化归与转化、整体思想、建模思想、极限思想等。使学生在数学课堂上初步学会运用数学思想方式去观察分析现实社会，解决日常生活中和其他学科学习中的问题，增强应用数学的意识，体会数学与自然及人类社会的密切关系，了解数学的价值，增进对数学的理解和学好数学的信心。

五、总结

综上分析可知，2023 年菏泽市中考试题有继承、有创新，在突出"四基"考查的同时，更体现了教育领域改革的新要求，充分考虑了实际学情，知识点的设置也更加注重了创新思维的考查。

因此，教师应进一步加强培养学生的创新思维。在培养学生数学思维能力、探究意识和思辨能力的基础上，利用知识迁移、情境创设、数学思想渗透和一题多解等方式发展学生的创新性思维能力，只有这样，才能使学生游刃有余地面对与时俱进的中考试题，适应各种未知的变化。

例谈初中数学情景式教学中的创新思维训练

随着《义务教育数学课程标准（2022 年版）》的颁布，提升学生核心素养的需求日益增强，为使学生适应快速发展的多元社会，需要培养其创新思维。近几年情景式教学促进了课堂效率的提升，创新思维训练又为情景式教学增添新的活力，从而激发学生的主观能动性，在发展学生核心素养上定会收获意想不到的效果。如何在初中数学情景式教学模式中强化学生的创新思维训练，我结合自身实际教学感受谈些体会，希望能起到抛砖引玉的作用。

一、情景教学与创新思维的含义

（一）情景教学

情景教学，即寓情于景，寓教于乐，在课堂教学环节中，结合教材内容，创设出形式多样的情景，将教学内容、学生互动、思考氛围、情绪等有机组合，打造轻松高效的课堂，使学生身心愉悦地学习复杂知识，并融会贯通、举一反三。

（二）创新思维

创新思维是指以新颖独创的方法解决问题的思维过程，用全新的视角去思考问题。在初中数学课堂中，培养学生的创新思维是提升其核心素养的重要环节。

二、以情景式教学中的创新思维训练为核心的教学策略

如何在情景式教学中融入创新思维训练，以我的经验来看，有以下六个方面可供参考。

（一）情景引入，激活学生的创新思维

引入方式不拘一格，能使学生产生愉悦情绪即可，比如，以旧知、歌曲、动作、实验、故事、练习或视频等形式，切入创新思维的问题，激发学生思考的积极性。鼓励成绩一般的学生积极发言，增强信心，促进进步，抑制成绩优异的学生的骄傲情绪，使全班学生共同进步。在这种"你追我赶"的学习氛围中，学生的创新思维得以激活。

（二）自主学习，锻炼学生的创新思维

学生慢慢熟悉情景式教学后，能逐渐养成自主学习的习惯。在自主学习中，学生会带着独特的问题去探究，并与其他学生讨论。学生的创新思维能在这些讨论中得到锻炼，使其更好地掌握课堂知识，甚至更深层次的知识。

（三）合作探究，发展学生的创新思维

在教学过程中，教师要设计高质量的探究题目，并有意识地引导学生进行互动，相互讲解、质疑、探究思路，从发散思维到集中归纳，发挥了学生的主体性，在各抒己见的氛围中，培养其创新意识与合作能力。

既要引导学生独立探究，又要发挥教师的解惑功能，让学生在合作中体验创新思维的形成，促使教学目标的达成。

（四）知识迁移，训练学生的发散思维、逆向思维

发散思维与逆向思维都能促使学生从不同方面、不同角度去思索问题，引导学生大胆设想，不拘泥于唯一的思考方向，培养其在解决实际问题时多方面思考的能力。

典例 1：如图 1-5，二次函数 $y=x^2-2x-3$ 有哪些性质？

本题可以从图像的增减性入手；可以从图像被 x 轴截了几部分，即 y 的值与 0 的大小比较考虑（即二次函数与不等式的关系）；可以从图像与坐标轴的交点位置考虑二次函数与方程的关系；可以从图像的轴对称性考虑；可以

从函数的极值（最高点、最低点）考虑。通过对这几个问题的合作学习，可以起到思维互补的作用。

变式练习一：考查二次函数与一元二次方程的关系

（1）试判断方程 $x^2-2x-3=0$ 根的情况；

（2）口答方程 $x^2-2x-3=0$ 的根是多少？

变式练习二：考查二次函数与不等式的关系

（1）当 x 取何值时，y 大于 0，当 x 取何值时，y 小于 0？

（2）当 $-2≤x≤2$ 时，求 y 的最值。

图 1-5

典例 2：求钟表上时针与分针的夹角问题。

1. 特殊时间点的求法

（1）整点求法：分针与时针的位置，分针总处于 12 点处，时针在整点处；

（2）分针在 5 的倍数上时针的求法。

2. 一般时间点的求法

这种夹角的求法难度较大。如：3 点 42 分时，时针与分针的夹角是多少度？

钟表圆周被平均分成了 12 份（格），可计算出每份（格）为 30°，每份（格）又被分成 5 个相等的小格，分针每分钟转过 6°，而时针每分钟转过 0.5°。

时针从整点 3 处转了 $42×0.5°=21°$，分针从 12 整点处转了 $42×6°=252°$，时针与分针的夹角为 $=252°-30×3°-21°=141°$

3. 逆向思维下的导入，由果导因

典例 3：4 点多少分时，分针与时针垂直？

让学生先观察，讨论可能出现的情况，再分析时针和分针从 4 点开始转至垂直的过程，从而列出方程，得出答案。按照以上思维模式，可设分针转了 x 分钟，列方程可得：$4×30+0.5x-6x=90$；或 $6x-30×3°-0.5x=90$。

（五）练习反馈，拓展学生的创新思维

典例：如图 1-6，在平面直角坐标系中，矩形 $OACB$ 的顶点 O 在坐标原

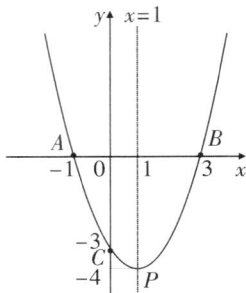

点，顶点 A、B 分别在 x、y 轴的正半轴上，$OA = 3$，$OB =$
4，D 为 OB 的中点。若 E、F 为边 OA 上的两个动点且 EF
$= 2$，当四边形 $CDEF$ 的周长最小时，确定 E、F 的位置。

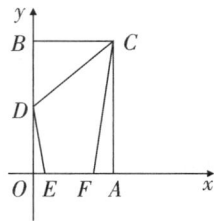

引导学生分析：（1）此题已知的是什么？（直线 x 轴
同侧两点 D、C），要求的又是什么？（在直线上求作两点
E、F）

图 1-6

（2）如何将求作两点转化为求作一点呢？（图形
的平移）

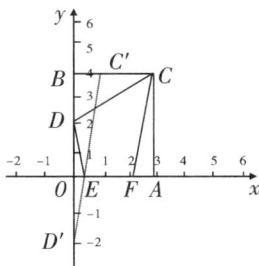

（3）要满足四边形 $DEFC$ 的周长最小，则是指什
么最小？（CD、EF 已是固定值，则 $DE + CF$ 最小即可）

解法：如图 1-7，将点 C 沿着 CB 的方向平移 2 个
单位至点 C'，作点 D 关于 X 轴的对称点 D'，连接 C'
D' 交 X 轴点 E，将 E 点沿 X 轴向正方向平移 2 个单位
即得到 F 点，E 点、F 点即为所求。此时四边形 $DEFC$
的周长最小。

图 1-7

此题既体现了"将军饮马"型，又体现了"造桥选址"型（既需图形的
平移又需图形的对称），是对这两种情景创设问题的核心的综合运用。

（六）总结提升、训练学生的归纳思维

归纳思维是所有思维的集中体现，是创新思维的重要形式，是对通性事
物规律的总结，用规律解决普遍存在的问题。

典例 1：某班级有 n 个人，开学见面时，任意两个人之间要握一次手，一
共产生多少次握手？

A 同学与 B 同学握手的同时，B 同学也与 A 同学握手了，即有一半重复，
所以要除以 2，即 $n(n-1)/2$。

典例 2：初三某毕业班有 50 名学生，毕业时每人都送其他同学一个礼物，
本班共有多少件礼物？

A 同学送 B 同学礼物，不等于 B 同学也送 A 同学礼物，所以没有出现重
复现象，不用除以 2，即 $n(n-1)$。

三、情景式教学中的创新思维训练设计应注意的问题

情景式教学的目的在于引发学生的想象，围绕这个目的需注意：第一，教学内容与情境创设紧密联系，要根据教学内容创设情景，不能过于发散，否则会导致与教学内容毫不相干；第二，应选取大众化情景，寓教于乐，不宜过于严肃。

例谈初中几何创新思维训练的重要方法——一题多解①

一、"一题多解"的概念

"一题多解"是发散学生思维的一种有效途径，通过长期训练，教师可以引导学生从多角度、多途径寻求解决问题的方法，拓宽解题思路，总结解题规律，提高分析问题、解决问题的能力。

二、"一题多解"的典型例题

典例：如图 1-8，已知正方形 $ABCD$ 中，$AB=6$，M 在 AD 上，$AM:MD=1:2$，将 $\triangle BMA$ 沿 BM 折叠至 $\triangle BMN$，则 DN 的长是____。

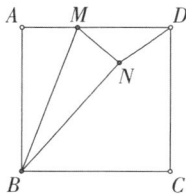

图 1-8

方法一：利用外弦图模型和勾股定理求解

1. 模型说明

如图 1-9，在正方形 $ABCD$ 中，E、F、G、H 分别是正方形 $ABCD$ 上的点，且四边形 $EFGH$ 是正方形，则有结论：$\triangle BGF \cong \triangle CHG$。

2. 解答过程

解：如图 1-10，过点 N 作 $EF \perp AD$，交 AD 于点 E，交 BC 于点 F

所以，$\angle MEN = \angle BFN = 90°$

由翻折知，$\angle BNM = \angle A = 90°$

————————
①本文系 2022 年度山东省教育科学规划课题"初中数学情景式教学中的创新思维训练研究"（项目编号：2022CZD043）的阶段性研究成果。

易得，$\triangle MEN \backsim \triangle NFB$

所以，$\dfrac{ME}{NF} = \dfrac{EN}{BF} = \dfrac{MN}{BN} = \dfrac{1}{3}$

令 $EN = x$，所以，$BF = 3x$，$NF = 6-x$

在 Rt$\triangle BFN$ 中，由勾股定理，得

$(3x)^2 + (6-x)^2 = 6^2$

易得，$x = \dfrac{6}{5}$

所以，$DE = AD - BF = \dfrac{12}{5}$

在 Rt$\triangle DEN$ 中，由勾股定理，得

$DN = \dfrac{6\sqrt{5}}{5}$

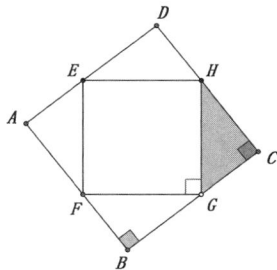

图 1-9

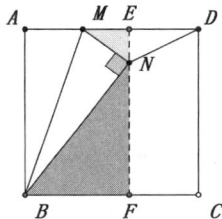

图 1-10

方法二：利用正方形中的半角模型求解

1. 模型说明

（1）条件：如图 1-11，在正方形 $ABCD$ 中，$\angle MBN = 45°$；

（2）结论：$\angle 1 + \angle 4 = \angle 2 + \angle 3 = 45°$。

2. 解答过程

解：如图 1-12，延长 MN 交 CD 于点 E，连接 BE

由翻折知 $BN = BC$，$\angle MNB = \angle BCE = 90°$

又因为 $BE = BE$

所以，$\triangle BCE \cong \triangle BNE$（HL）

所以，$EN = EC$

令 $NE = EC = x$

则 $DE = 6 - x$

在 Rt$\triangle MED$ 中，由勾股定理，得

$(2+x)^2 = 4^2 + (6-x)^2$

解得，$x = 3$

过点 N 作 $NF \perp AD$ 于 F

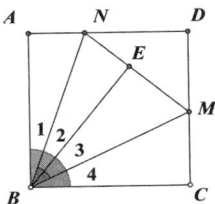

图 1-11

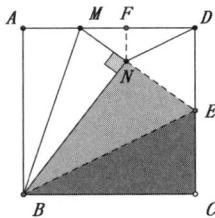

图 1-12

易得，$\triangle MFN \backsim \triangle MDE$

所以，$\dfrac{MN}{ME} = \dfrac{FN}{DE} = \dfrac{MF}{MD} = \dfrac{2}{5}$

易得，$FN = \dfrac{6}{5}$，$DF = \dfrac{12}{5}$

在 $Rt\triangle DFN$ 中，由勾股定理得：

$$DN = \dfrac{6\sqrt{5}}{5}$$

方法三：利用正方形中的"12345"模型求解

1. 模型说明

（1）条件：如图 1-13，小正方形网格边长为 1，
α、β 两个锐角满足：

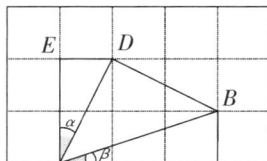

$\tan\alpha = \dfrac{1}{2}$，$\tan\beta = \dfrac{1}{3}$，则 $\alpha+\beta = 45°$。

图 1-13

（2）结论：$\dfrac{1}{2} + \dfrac{1}{3} = 45°$，其中 $\dfrac{1}{2}$ 代表正切值为 $\dfrac{1}{2}$ 的角，以此类推。

2. 解答过程

解：如图 1-14，连接 NC，过点 B 作 $BE \perp CN$ 于点 E
由翻折知，$\triangle BAM \cong \triangle BNM$

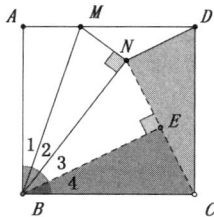

由于，$AB = 6$，$AM : MD = 1 : 2$

所以，$AM = MN = 2$

易得，$\tan\angle 1 = \tan\angle 2 = \dfrac{1}{3}$

图 1-14

在 $Rt\triangle BEN$ 和 $Rt\triangle BEC$ 中，$BN = BC$，$BE = BE$

所以，$Rt\triangle BEN \cong Rt\triangle BEC$

所以，$\angle 3 = \angle 4$，所以，$\angle 2 + \angle 3 = 45°$

由"12345"模型易得，$\tan\angle 3 = \tan\angle 4 = \dfrac{1}{2}$

所以，$EC = \dfrac{6\sqrt{5}}{5}$，$CN = BE = \dfrac{6\sqrt{5}}{5}$

易得，$\triangle BEC \cong \triangle CND$

所以，$DN=\dfrac{6\sqrt{5}}{5}$

方法四：利用"筝型"的面积求解

1. 模型说明

（1）条件：如图 1-15，$\text{Rt}\triangle ACB\cong\text{Rt}\triangle ADB$；

（2）结论：$S_{\text{四边形}ACBD}=2\times\dfrac{1}{2}\times AC\times BC=\dfrac{1}{2}AB\times CD$；

$AB\perp CD$。

2. 解答过程

解：如图 1-16，连接 AN，过点 N 作 $NF\perp AD$

易得四边形 $ABNM$ 是"筝型"模型

由于 $AM=2$，$AB=6$

易得 $BM=2\sqrt{10}$

由于 $S_{\text{四边形}ABNM}=2\times\dfrac{1}{2}\times AB\times AM=\dfrac{1}{2}BM\times AN$

所以，$AN=\dfrac{6\sqrt{10}}{5}$

令 $NF=x$，$FM=y$

在 $\text{Rt}\triangle ANF$ 和 $\text{Rt}\triangle NFM$ 中，由勾股定理，得

$x^2+y^2=4$ ①

$x^2+(y+2)^2=\left(\dfrac{6\sqrt{10}}{5}\right)^2$ ②

由②-①，得

$y=\dfrac{8}{5}$，$x=\dfrac{6}{5}$

所以，在 $\text{Rt}\triangle DFN$ 中，由勾股定理得，$DN=\dfrac{6\sqrt{5}}{5}$

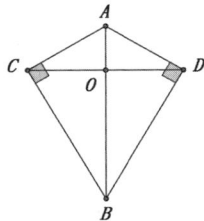

图 1-15

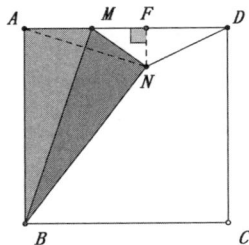

图 1-16

三、总结

在数学几何教学中，选用一些非加以探索不能发现其内在联系的习题，

采用一题多解的形式进行教学，有助于启发学生分析思考，逐步把学生引入胜境，从而使学生开阔视野、增强能力、发展创造思维。

2019年菏泽市初中数学教学研讨会听课心得

2019年9月24—25日，在菏泽二十二中学举行了全市初中数学教学研讨会，我有幸参加。这次活动是一次非常难得的学习机会，虽然只有短短两天，但受益匪浅。

本次教研活动共分为三个环节。第一个环节，由两位优秀同仁讲授了两节非常生动的示范课："特殊的平行四边形"单元检测试卷讲评和"一次函数"专题复习课。第二个环节，牡丹区教研员孙道斌作了《打造高效务实的初中数学试卷讲评课堂——初中数学试卷讲评教学研究》报告。第三个环节，市数学教研员房占灵老师对中考试卷结构和试卷难度系数作了分析，并对明年中考出题动向进行简单阐释。置身于会场中，我领略着他们对教材的深刻解读，感受着他们对课堂的准确把握，体会着他们对学生的密切关注。他们在开启学生智慧大门的同时，也让我学到了很多新的教学方法和理念，引发了对课堂最优化的思考。

一、数学源于生活，应用于生活

教师作为学生学习的引导者，为学生指引学习的方向。在课堂学习中，讲义不再单一来源于教材，更多的是从学生的生活经验中取材，与生活贴近的知识让学生感到熟悉，做起题来积极性就高。这也体现出教学面向学生、面向生活、反映现实生活的特点，使学生感到数学问题易于接受，从而激发了内在的认知要求，变"要我学"为"我要学"。这样一来，更好地启迪了学生的思维，也实现了"生活经验数学化"。

二、在课堂研讨中，体现生本教育

教师要放手让学生自己动手操作、自主探究解决问题的方法，充分体现其学习主体地位。教师引导学生自主学习、合作交流，使不同层次的学生在数学学习上都能得到发展。

三、精心设计情景导入

两位老师都精心设计了课堂导入，第一位老师利用课件就这次考试情况进行细致分析，让学生根据位次确定今后的学习目标。第二位老师则直接出示中考考点，引起学生重视。好的导课可以拉近师生距离，使学生积极参与教学活动，提高课堂学习效率。

四、跟进激励评价

教学过程中，两位老师都注意了及时评价和激励评价，对学生的赞扬和鼓励不断，如"你真细心""你真是生活中的有心人""你知道的可真多"等。这些评价语言看似微不足道，却可以在学生的心里激起不小的情感波澜，使整个课堂的教学效果也得到提高。

五、规范板书设计

由于越来越频繁地使用多媒体课件，板书好像不再重要。然而课件不能完全代替板书，板书也是教师基本功的一个侧面反映。这次研讨会，执教老师都非常注重板书的设计。

六、总结

总之，在这次研讨会中，执教老师都能根据初中生的特点结合中考命题方向，为如何上讲评课和复习课指明了方向。讲评课注重找错因，根据错因跟变式练习，找出解题的最佳方法；复习课紧跟中考考点，明确了明年中考题型、每种题型的难易程度。让学生心中有目标，增强了自信，争取明年的中考取得优异的成绩。

第二节　课题研究

如何规范填写教育教学研究课题申请书

近年来，随着国家科教兴国和人才强国战略的不断推进，各级教育部门愈发重视教育科研的引领和支撑作用，以期更好地服务于一线教学和管理。为此，每年省、市、县各级都会发布课题申报通知，鼓励教师们积极投身于教育科研活动，结合自身的教学实践、思考以及学校发展中遇到的挑战和困惑，开展有针对性的课题研究，以期在教学改革与发展中取得实质性进展。

然而，在课题研究的实际操作中，不少中小学教师，特别是县、乡区域的中小学教师，在课题研究的起始阶段常感困惑，特别是在填写课题申请书时，往往感到无从下手。为了帮助这些教师克服这一难题，基于我多年的教科研工作经验，本节将分享填写课题研究申请书的方法与技巧。

通常，教育教学课题研究的申请书格式较为统一，主要包括数据表、课题负责人研究工作情况、课题设计论证、研究基础和保障，以及个人、单位、主管部门的推荐和审核意见。其中，课题设计论证部分，即"研究方案"，是申请书的核心内容，其重要性相当于一节课的教学设计。

为了撰写一个高质量的研究方案，教师需要在选题与命题、文献研究与调查研究、设计与表述方面进行深入细致的思考和研究。只有当研究方案得到充分的论证和精心的设计，并成功立项后，课题研究工程才算完成了一半。后续的实施方案（包括三个阶段报告）将基于这个研究方案进行展开。

为了让初次接触课题研究的教师更好地理解课题研究方案的撰写要求，本节将详细阐述每一个栏目的意义与填写方法，以期帮助大家填写出规范、完整的申请书文本。

一、选题依据

课题选题依据是一个综合性的考量过程，需要综合考虑现实需求、理论发展、政策导向、资源条件以及个人兴趣等多个方面。通过科学、合理的选题，可以为研究工作的顺利开展和取得预期成果奠定坚实的基础。

在选题时，应注意以下五个方面。

（一）现实需求与实践意义

选题应基于当前社会、经济、科技和文化等领域的实际需求，考虑其在实际应用中的价值和意义。可以通过观察、调查或分析现有问题，发现某个领域存在的研究空白或不足，从而提出有针对性的研究课题。

（二）理论发展与学术价值

选题应考虑其在学科理论发展上的推动作用。可以是对现有理论的深化、拓展或修正，也可以是对新兴理论或观点的探索与验证。通过选题研究，可以为学科发展贡献新的理论成果或学术见解。

（三）政策导向与战略需求

选题应关注国家、地区或行业的政策导向和战略需求，考虑其在国家发展或行业进步中的重要作用。可以是针对国家重大战略、政策或规划的研究，也可以是针对行业发展趋势或关键问题的探讨。

（四）资源条件与可行性分析

选题应考虑研究者所在机构或团队的资源条件，包括研究资金、设备、人员等。同时，应对选题的可行性进行分析，评估其在实际操作中的难易程度、风险大小以及预期成果的可实现性。

（五）个人兴趣与专长

选题应充分考虑研究者的个人兴趣和专长，以便在研究过程中保持持久的热情和动力。同时，通过发挥个人专长，可以更好地挖掘研究深度，提高研究成果的质量和水平。

二、课题名称

课题名称是对所研究问题的直接表述，它应该简洁明了地概括研究的核心内容和目标。一个好的课题名称能够清晰地传达研究的主要方向和预期成果，为后续的研究工作提供明确的指导。

要明确课题名称，应做到以下五个方面。

（一）确定研究领域和主题

首先，要明确研究兴趣和专业领域，确定研究者想要探讨的主题。可以是一个具体的学科领域，也可以是一个跨学科的综合性问题。

（二）提炼研究问题

在确定了研究领域和主题后，研究者需要进一步提炼出具体的研究问题。研究问题应该是具有明确的研究目标和研究意义的问题，能够引导研究者进行深入的研究。

（三）考虑创新性

课题名称应体现出研究的创新性，即研究问题或方法相较于已有研究有何独特之处。这有助于吸引研究者和读者的兴趣。

（四）简洁明了

课题名称应尽可能简洁明了，避免使用过于复杂或晦涩难懂的词汇。名称的长度也要适中，既能概括研究内容，又不显得冗长。

（五）考虑学术性

课题名称应具有学术性，体现出研究的学术价值和研究深度。避免使用过于口语化或通俗化的表述。

一个完整的课题名称一般包括四部分：研究范围、研究对象、研究内容和研究方法。在具体表述的时候要做到：在研究范围中明确研究哪个学段、哪门学科或什么时代、视域下等范围；研究的对象是人、组织还是物；研究内容明确一个或两个主题词；研究方法大多是综合运用多种方法，可称实践研究，若有重点则可突出重点，如策略研究。例如在课题名称"初中数学概念教学的策略研究"中，"初中数学"就是指一个范围，主题词就是"概念教学"，研究方法就是"策略研究"。

三、研究内容

研究内容是指课题研究所涉及的具体问题和方面，是对研究目标和问题的细化和展开。明确研究内容有助于界定研究范围，为后续的研究工作提供清晰的指导。

研究内容由以下两部分组成。

（一）研究对象

研究对象指的是在研究过程中被特定选择和关注的实体或现象，它是研究工作的核心和焦点。这些实体或现象可以是具体的物体、人群、组织、社会现象等，也可以是抽象的概念、理论或模型。研究对象的确定对于整个研究工作的方向、方法和结果都具有至关重要的影响。确定研究对象时，通常需要考虑以下四个方面。

研究目的和问题。研究对象应该与研究目的和问题紧密相关，能够直接回答或解决研究所关注的问题。

可行性。研究者是否具备研究所需的资源和条件，包括时间、资金、人力等，以及研究对象是否易于获取和接触。

代表性。如果研究对象是某个群体或样本，需要考虑其是否具有代表性。代表性强的研究对象能够使研究结果更具普遍性和推广价值。

创新性。研究一些尚未得到充分关注或研究的新颖对象，可能有助于产生新的发现和见解。

（二）总体框架

课题的总体框架是指课题研究的整体结构和内容安排，它涵盖了研究的各个方面，为研究者提供了一个清晰的指导和规划。一个完整的课题总体框架应该包括以下五个主要部分。

1. 研究背景和目的

介绍研究课题的背景和研究现状，阐明为什么要研究这个课题，以及这个课题的研究意义和目的是什么，清晰地阐述研究的价值和重要性，为后续的研究工作奠定基础。

2. 文献综述和理论基础

对与课题相关的已有研究成果进行综述，包括前人的研究内容、方法和结论等。同时，阐述课题研究所依赖的理论基础，为后续的研究提供理论支撑。

3. 研究内容和方法

明确课题的研究内容，即具体要研究什么问题或方面。同时，确定研究方法，包括数据收集、处理和分析的具体方法和技术手段。这部分应该详细描述研究的具体步骤和操作流程。

4. 预期研究结果和贡献

根据研究内容和方法，预测可能得到的研究结果，并阐述这些结果对学术界或实践领域的贡献。这部分应该突出研究的创新性和实用性。

5. 研究进度和安排

制定合理的研究进度表和时间节点，确保研究工作能够有序进行并按时完成。同时，明确各个阶段的主要任务和预期成果。

四、思路方法

课题研究的思路方法是指在课题研究过程中，研究者所采用的思考路径、研究策略以及具体的研究技术手段。一个清晰合理的研究思路和方法对于确保研究的顺利进行和取得高质量的研究成果至关重要。

课题研究的基本思路通常包括：

（一）明确研究目标

需要清晰地界定课题的研究目标，即希望通过研究解决什么问题或达到什么目的。这有助于为整个研究过程提供明确的指导。

（二）梳理文献与理论

对与课题相关的已有研究成果进行梳理和分析，了解研究现状和发展趋势，为课题的研究提供理论支撑和参考。

（三）确定研究方法

根据研究目标和内容，选择合适的研究方法，如文献研究法、实证研究法、案例研究法等。同时，还需要确定具体的数据收集和分析技术，如问卷调查、访谈、统计分析等。

（四）设计研究方案

在研究方法的指导下，设计具体的研究方案，包括研究对象的选择、样本的确定、数据收集和处理的具体步骤等。

（五）实施研究与收集数据

按照研究方案，开展实地调查、实验或观察等活动，收集研究所需的数据和信息。

（六）分析数据与得出结论

对收集到的数据进行整理、分析和解释，提炼出研究结果，并结合文献和理论，得出研究结论。

（七）撰写研究报告

将研究过程、结果和结论以书面形式呈现出来，形成完整的研究报告。

（八）保持逻辑清晰

整个研究过程应保持逻辑清晰，确保各个步骤之间的衔接紧密，避免出现逻辑混乱或遗漏的情况。

（九）注重实证与理论相结合

课题研究既要注重实证数据的收集和分析，又要结合理论进行深入的探讨和解释，确保研究的科学性和深度。

（十）不断创新与改进

在课题研究过程中，应积极探索新的研究方法和技术手段，不断对研究方案进行调整和改进，以提高研究的效率和准确性。

第一章 教学实践篇

课题研究来源于教学实践中的困惑和疑难。课题遵循从实践中来，又及时回归到实践中去的原则，研究和实践紧密相连，随时互动，并服务于一线教学，而教学设计是教学研究和实践的最好呈现。

教学设计是一门将教育技术理论和思想方法运用于教学实践中的艺术，是连接教师教学理念和教学行为的桥梁。从教师专业成长的角度看，教学设计就是教师对文本的研读并体现研究文本的智慧。

研究教学设计有助于教师形成正确的教学理念，并将教学理念向教学行为转变，提高教学技能。

无论是青年教师还是资深教师，都需要更新教育理念，提高教学技能。本章是初中数学不同年级、不同课型、不同形式的教学设计精选，这些精选的教学设计不仅为同行们提供了丰富的实践案例，更能激发其在教学创新上的无限可能。教师们通过深入学习和借鉴，能够更好地把握学生的需求，因材施教，提高教学效果。

第一节　新授课

一、一元一次方程

（一）教学目标

根据等式中辨析出方程来，根据情景列出方程，让同学们感受方程的特点；

根据方程的特点对方程进行分类，确定方程的命名方法；

方程是将代数式的等量关系表现出来的一种数学模型，方程的解也是我们最终解决问题的数据；

体会学生方程的解的概念，能释放成两边成立的未知数的解。

（二）教学重难点

一元一次方程的定义和解法，实际问题与一元一次方程之间的关系。

（三）教学过程设计

1. 例题

（1）小明的年龄乘 2 减 1 得 5，小明多少岁？

解：设小明的年龄为 x 岁，可列方程 $2x-1=5$。

$2x=6$

$x=3$（岁）

答：小明 3 岁。

（2）小颖种了一株树苗，开始时树苗高为 40cm，栽种后每周树苗长高约 5cm，大约几周后树苗长高到 100cm？

解：设 x 周后树苗长高到 100cm，可列方程 $40+5x=100$。

$5x=60$

$x=12$（周）

答：大约 12 周后树苗长高到 100cm。

（3）一个班级男生比女生多 5 人，全班共有 45 人。请问男生和女生各有多少人？

解：设男生的数量为 x 人，则女生数量为 $x-5$ 人，可列方程 $x+(x-5)=45$。

$2x-5=45$

$2x=50$

$x=25$（人）

答：男生 25 人，女生 20 人。

2. 设计意图

题目贴近生活实际，让学生在感受代数式与等量关系结合的同时，有熟悉感，也可以利用一元一次方程解决生活中的问题。

3. 思路点拨

仔细阅读题目，确保理解题目中的条件和要求，并明确需要求解的目标。根据题目中的条件，利用数学关系或等量关系，将未知数用数学表达式表示出来，形成一个一元一次方程。将求得的解代入原方程，检查是否满足方程的条件。如果满足，则答案是正确的；如果不满足，则需要重新检查解题过程。

（四）教学小结

本次课堂上，学生们积极参与讨论和练习，对一元一次方程的学习充满热情。在练习环节，学生们能够熟练地运用一元一次方程的解法来求解题目，对于难度较大的题目，也能够通过思考和讨论找到正确的解题方法。为了提高学生们的应用能力，可以在课堂上增加更多的应用实例，这些实例可以来源于学生的日常生活、社会热点等，让学生们更加深刻地理解一元一次方程在实际问题中的应用。

二、相似三角形的应用——测高

（一）教学目标

使学生掌握和综合运用三角形相似的判定条件和性质。通过测量旗杆的高度，使学生运用所学知识解决问题，以课后分组合作活动的方法进行实践以及进行全班交流，进一步积累数学活动经验。通过问题情境的设置，培养学生积极的进取精神，增强学生数学学习的自信心。实现学生之间的交流合作，体现数学知识解决实际问题的价值。

（二）教学重难点

综合运用相似三角形判定、性质解决实际问题。

（三）教学过程设计

1. 例题

如图 2-1，Rt△ABE 与 Rt△CBD 是相似三角形，已知 AB 的高度，如何求出 CD 的高度？

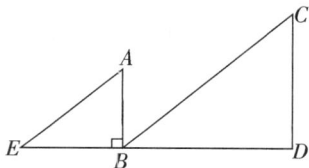

图 2-1

方法一：如图 2-2，将 AB 看成一名直立的学生，BE 为学生的影子长度；将 CD 看成旗杆，则 BD 为旗杆的影子长度。

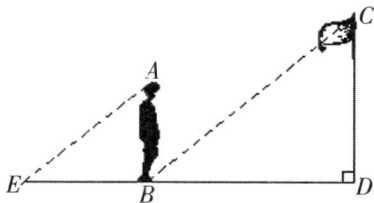

图 2-2

∵ 太阳的光线是平行的，∴ $AE \parallel CB$，∴ $\angle AEB = \angle CBD$，

∵ 人与旗杆是垂直于地面的，∴ $\angle ABE = \angle CDB$，∴ $\triangle ABE \backsim \triangle CBD$，∴ $\dfrac{AB}{CD} = \dfrac{BE}{BD}$ 即 $CD = \dfrac{AB \cdot BD}{BE}$。

因此，只要测量出人的影长 BE，旗杆的影长 BD，再知道人的身高 AB，就可以求出旗杆 CD 的高度了。

方法二：如图 2-3，选一名学生为观测者，在他和旗杆之间的地面上直立一根高度已知的标杆，观测者前后调整自己的位置，使旗杆顶部、标杆顶部与眼睛恰好在同一直线上时，分别测出他的脚与旗杆底部，以及标杆底部的距离即可求出旗杆的高度。

　　过点 A 作 $AN \perp DC$ 于 N，交 EF 于 M。

　　∵ 人、标杆和旗杆都垂直于地面，∴ $\angle ABF$
$= \angle EFD = \angle CDH = 90°$

　　∴ 人、标杆和旗杆是互相平行的。

　　∵ $EF /\!/ CN$，∴ $\angle 1 = \angle 2$，∵ $\angle 3 = \angle 3$，

$\triangle AME \backsim \triangle ANC$，∴ $\dfrac{AM}{AN} = \dfrac{EM}{CN}$

　　∵ 人与标杆的距离、人与旗杆的距离，标杆

与人的身高的差 EM 都已测量出，

　　∴ 能求出 CN，∵ $\angle ABF = \angle CDF = \angle AND = 90°$，∴ 四边形 $ABND$ 为矩形。

　　∴ $DN = AB$，∴ 能求出旗杆 CD 的长度。

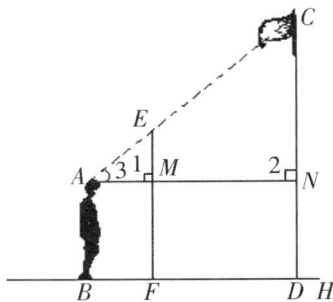

图 2-3

　　方法三：利用镜子的反射。如图 2-4，选一名学生作为观测者，在他与旗杆之间的地面上平放一面镜子，固定镜子的位置，观测者看着镜子来回调整自己的位置，使自己能够通过镜子看到旗杆顶端。测出此时他的脚与镜子的距离、旗杆底部与镜子的距离就能求出旗杆的高度。

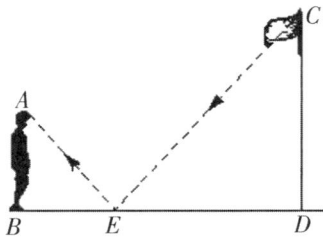

图 2-4

　　∵ 入射角 = 反射角　∴ $\angle AEB = \angle CED$　∵ 人、旗杆都垂直于地面

　　∴ $\angle B = \angle D = 90°$. ∴ $\dfrac{AB}{CD} = \dfrac{BE}{DE}$

　　因此，测量出人与镜子的距离 BE，旗杆与镜子的距离 DE，再知道人的身高 AB，就可以求出旗杆 CD 的高度。

　　2. 设计意图

　　本节课的主要任务聚焦于利用相似三角形的特征，测量那些在日常生活

中无法直接测量的物体。这一任务不仅锻炼了学生的空间想象能力和逻辑推理能力，更重要的是，它培养了学生学数学的兴趣和用数学的意识。

为了顺利完成任务，首先要明确测量方法。这需要教师引导学生深入理解相似三角形的性质，如对应边成比例等，然后教授他们如何利用这些性质来设计测量方案。通过明确测量方法，学生能够更加清晰地理解整个测量过程，为后续的实践活动奠定坚实的基础。同时，明确测量方法的过程也是培养学生数学思维和解决问题能力的重要环节。

3. 思路点拨

运用方法一时，可以把太阳光近似地看成平行光线，计算时还要用到观测者的身高。

运用方法二时，观测者的眼睛必须与标杆的顶端和旗杆的顶端"三点共线"，标杆与地面要垂直，在计算时还要用到观测者的眼睛离地面的高度。

运用方法三时，应注意向学生解释光线的入射角等于反射角。

（四）教学小结

本节课的设计理念紧密围绕三个核心原则：以学生为中心，以活动为导向，以能力提升为目标。在课前准备与教学过程中，我们充分考虑并预设了学生在探究测量原理及实际操作中可能遭遇的各类问题及注意事项，并为此提供了详尽的解答与指导。

在探究测量方法的过程中，我们始终尊重学生的自主学习与发现能力。通过小组合作的形式，鼓励学生自主探究、感悟知识，并在合作中共同得出结论。同时，我们设置了不同层次的问题，以满足不同学生的学习需求，为他们提供一个展示才华的广阔平台。从学生展示的改进后的测量方法可以看出，他们不仅掌握了基本的测量技能，更在此基础上进行了创新与优化。

在实际测量环节，我们积极引导学生利用已有的生活经验和知识基础，将所学数学知识应用到实际问题的解决中。这种教学方式不仅帮助学生巩固了知识点，更让他们在实际操作中体验到成功的喜悦，使数学学习变得轻松愉快。

回顾这堂课，其成功之处在于目标明确、准备充分、操作性强。学生们在课堂上积极参与，知识点掌握牢固。此外，通过对教学内容的拓展与延伸，学生们深刻感受到了数学在现实生活中的重要作用，从而更加积极地投入数学学习中。这种将大自然与数学、实际问题与数学知识相结合的教学方式，不仅增强了学生的应用意识，还激发了他们主动解决问题的热情。

此外，本节课所采用的主动参与实践操作的学习方式，不仅提高了学生对数学学习的兴趣，还促进了同学之间的交流与协作。在共同解决问题的过程中，学生们培养了团结友爱、共同克服困难的团队精神，以及敢于探索和实践的优良学风。同时，这种学习方式也有利于培养学生的理论联系实际能力，拓展思维，培养创新能力。

第二节　复习课

一、解直角三角形专题复习

（一）教学目标

通过复习使学生进一步熟练掌握直角三角形中蕴含的三种等量关系。

能正确运用三角函数解决与直角三角形有关的简单实际问题。

体会数形结合思想以及转化思想在解决数学问题中的应用。

把握本节中考考点，能灵活运用解直角三角形相关知识解决与其他知识结合的综合题型。

（二）教学重难点

正确利用关系式解直角三角形的有关问题，灵活运用解直角三角形的相关知识，选择恰当的关系式解决生活中的实际问题。

（三）教学过程设计

1. 例题

（1）如图2-5所示，某超市在一楼至二楼之间安装有电梯，天花板与地面平行，请你根据图中数据计算回答：姚明身高2.29米，他乘电

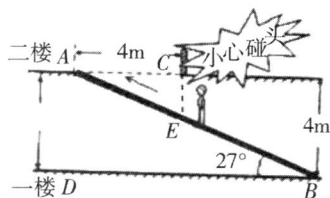

图 2-5

梯会有碰头危险吗？（可能用到的参考数值：sin27° = 0.45，cos27° = 0.89，tan27° = 0.51）

（2）如图 2-6 所示，在 Rt△ABC 中，∠C = 90°。

①sinA = ＿＿＿＿＿＿＿

②cosA = ＿＿＿＿＿＿＿

③tanA = ＿＿＿＿＿＿＿

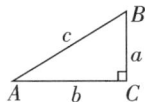

图 2-6

锐角 A 的正弦、余弦、正切统称为锐角 A 的三角比

（3）特殊角的三角比

锐角三角比	30°	45°	60°
sin			
cos			
tan			

（4）如图 2-7 和图 2-8，在 Rt△ADB 和 Rt△ADC 中，根据图中提供的数据，求出未知的边和角。

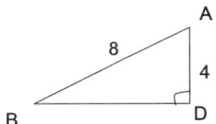

图 2-7

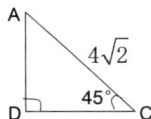

图 2-8

∠A = ＿＿＿＿＿　　AD = ＿＿＿＿＿　　CD = ＿＿＿＿＿

∠A = ＿＿＿＿＿　　∠B = ＿＿＿＿＿　　BD = ＿＿＿＿＿

变式 1：如图 2-9，在 △ABC 中，如果 AB = 8。∠B = 30°，∠C = 45°，那么 BC = ＿＿＿＿＿。

变式 2：如图 2-9，在 △ABC 中，AB = 8，AC = ∠B = 30°，那么 BC = ＿＿＿＿＿。

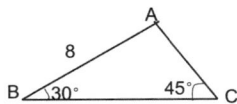

图 2-9

（5）平地上一幢建筑物 CD 与古塔 AB 的位置如图 2-10，测得 BD = 50m，在 C 点测得 B 点的俯角为 45°，测得 A 点的仰角为 30°，求塔 AB 的高度。（结果保留整数，参考数据 $\sqrt{2} \approx 1.414$，$\sqrt{3} \approx 1.732$，$\sqrt{5} \approx 2.236$。）

变式 1：同学们在点 C 处测得塔顶 A 的仰角为 27°，向前走 80 米，在点 D 处测得 A 的仰度为 45°（C、B、D 三点在同一条直线上）。

求塔 AB 的高度。（结果保留整数）（参考数据：$\sin 27° \approx 0.45$，$\cos 27° \approx 0.90$，$\tan 27° \approx 0.50$）

变式 2：如图 2-11，直升机在古塔 AB 上方 P 点处测得塔顶 A 的俯角为 45°，底端 B 点的俯角为 60°，此时直升机与塔 AB 的水平距离 QB 为 110 米，求塔 AB 的高度。（结果保留整数）

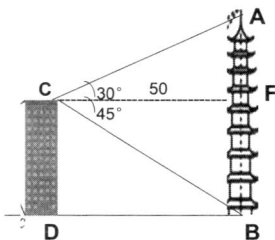

图 2-10

2. 设计意图

如图 2-12 和图 2-13，通过本节课的学习，可以得到解直角三角形的两种基本图形。

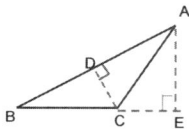

图 2-12

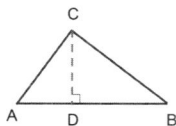

图 2-13

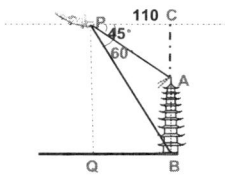

图 2-11

3. 思路点拨

首先，需要将实际问题的图形抽象为几何图形，并绘制出准确的平面或截面示意图。这一步的目的是将实际问题中的空间关系和形状转化为数学上可处理的图形。接下来，需要将实际问题中的已知条件转化为这些几何图形中的边、角或它们之间的关系。这通常涉及对实际问题的深入理解和分析，以便准确地提取出与解题相关的信息。

将实际问题转化为数学问题后，如果得到的示意图不是直角三角形，可以采取添加适当的辅助线的方法在原图中构造出直角三角形，并利用直角三角形的性质和定理来解决问题。这种转化方法在数学解题中非常常见，并且对于提高解题效率和准确性具有重要意义。

（四）教学小结

学生在学习三角形转化知识的过程中，感知到了数学的应用价值，数学来源于生活又服务于生活。数学能将复杂的问题简单化，提高学生的解题能力和解题技巧。

二、事件的概率

（一）教学目标

本节课的目标是帮助学生将概率知识系统化，深化对概率与频率之间关系的理解。具体而言，学生需要进一步掌握通过试验方法来估计某些事件概率的技巧，并总结归纳求解概率的通用方法。此外，学生还应灵活运用概率的思维方式，以解决现实生活中遇到的实际问题。通过这一过程，学生不仅能够巩固所学的概率知识，还能提升应用数学知识解决实际问题的能力。

（二）教学重难点

正确理解概率的统计定义，理解频率和概率的区别与联系。将所学的概率知识应用于实际生活中，解决一些实际问题。

（三）教学过程

1. 例题

（1）在一个有 10 万人的小镇，随机调查了 2000 人，其中有 250 人看中央电视台的早间新闻。在该镇随便问一个人，他看早间新闻的概率大约是多少？该镇看中央电视台早间新闻的大约是多少人？

解：根据概率的意义，可以认为其概率大约等于 250/2000＝0.125。

该镇约有 100000×0.125＝12500 人看中央电视台的早间新闻。

（2）一个密码锁的密码由四个数字组成，每个数字都是 0~9 这十个数字中的一个，只有当四个数字与所设定的密码相同时，才能将锁打开。粗心的小明忘了中间的两个数字，他一次就能打开该锁的概率是多少？

解：第一次从 0~9 这 10 个数字中抽取 1 个数字，其概率为 1/10；第二次仍从 0~9 中抽取每两个数字，其概率仍为 1/10。故概率为 1/100。

（3）如图 2-14，地面上铺满了正方形的地砖（40cm×40cm），现在向上抛掷半径为 5cm 的圆碟，圆碟与地砖的间隙相交的概率大约是多少？

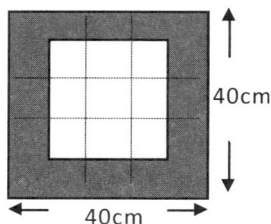

图 2-14　　　　　　　　　　图 2-15

方法一：可以做试验统计相交的次数与试验的总次数的比，当试验的次数足够多时，频率接近概率（在做抛掷试验时，注意应是随意抛掷）。

方法二：如图 2-15，当所抛圆碟的圆心在图的阴影部分时，圆碟将与地砖间的间隙相交，因此所求概率等于一块正方形地砖内的阴影部分和该正方形的面积的比，结果为 $\dfrac{40^2-30^2}{40^2}=\dfrac{7}{16}$。

几何图形中求概率往往与面积计算相结合。

2. 设计意图

本节课的设计意图在于深化学生对概率知识的认识，并教会他们学会学习，经历知识的归纳、概括和总结的过程。通过本节课的学习，学生将能够系统地回顾和整理所学的概率知识，进一步巩固对概率基本概念、计算方法和应用的理解。

3. 思路点拨

理解必然事件、不可能事件和随机事件的区别是解题的基础。在解决复杂的概率问题时，可以使用图形来辅助思考，并且要善于运用策略。

（四）教学小结

本节课特别安排了丰富的例题练习，旨在让学生在解决问题的过程中，不断锻炼和提高他们的问题解决能力，同时拓宽他们的知识视野。我们坚信学生的潜力，因此在教学中始终将学生置于主体地位，鼓励学生积极探索、大胆尝试。

在教学过程中，要允许学生犯错，因为错误是学习的宝贵资源，能够帮助学生发现自己的不足，并引导他们寻找正确的解决方法。在与学生的交流中，老师往往能够获得教学灵感，因为学生的疑问和困惑往往能揭示出教学过程中的盲点和难点。

第三节　综合与实践

一、最短路径问题

（一）教学目标

能利用轴对称、平移、旋转将最短路径问题转化为线段和最小问题。在复习最短路径的过程中，体会轴对称、平移的桥梁作用，感受图形变换、转化、数形结合、模型等思想方法。通过专题复习，归纳出方法和规律，消除学生对此类问题的陌生感和恐惧感，提高学生解决问题的信心和解题能力。

（二）教学重难点

通过轴对称、平移等方法解决"将军饮马"和"造桥选址"等现实生活中的问题。利用轴对称、平移等进行策略解决路径最短的实际问题。

（三）教学过程设计

1. 例题

类型一：依据"垂线段最短"解决最短路径问题

（1）如图 2-16（a），要把水渠的水引到水池 C，从渠堤 AB 的什么地方开沟，水渠的长度最短？你能在图上表示出来吗？谈谈你的理由。

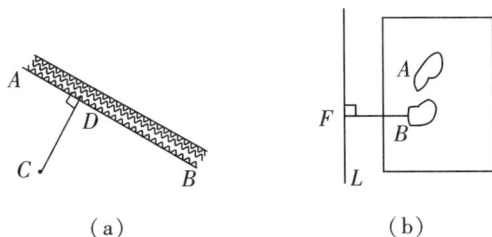

（a）　　　　　　　　（b）

图 2-16

（2）如图 2-16（b），是小亮跳远时沙坑的示意图，其中 L 是起跳线，A、B 是双脚落点，应当怎样测量小亮的跳远成绩？为什么？

分析：首先将实际问题转化为数学问题，构建数学模型，然后解答。

答案：（1）利用垂线段最短解决此问题，从 C 点画垂直于 AB 的线段 CD，D 为垂点，CD 即为最短距离。

（2）跳远时，若双脚落地位置不一样，需要测量距离起点更近的点作为成绩。从图中判断 B 点（右脚）距离起点更近，从 B 点画出垂直于直线 L 的线段 BF，F 为垂点，BF 的长度即为跳远成绩。

类型二：依据"两点之间线段最短"解决最短路径问题

（1）如图 2-17（a），A 地与 B 地之间有一条河，在河的什么位置修一座桥（河的宽度忽略不计），可使人们走的路程最短？

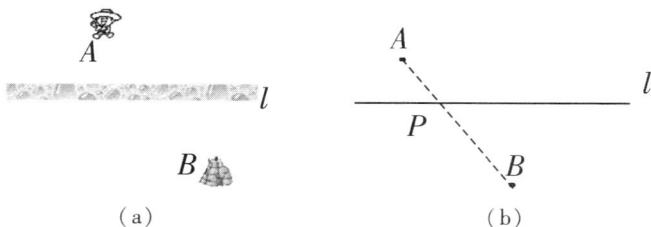

图 2-17

分析：建立模型后，直接利用"两点之间线段最短"解决。

答案：如图 2-17（b），连接线段 AB，交直线 l 于点 P，点 P 即为所求。

（2）如图 2-18，从 A 地出发，到一条笔直的河边饮马，然后到 B 地。到河边什么地方饮马可使人所走的路程最短？

分析：将同侧的两点 A、B 转化成异侧的两点 A、B'，利用两点之间线段最短来解决。

图 2-18

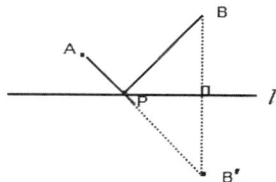

图 2-19

答案：如图 2-19，作 B 点关于直线 l 的对称点 B'，连接 AB'，交直线 l 于点 P，点 P 即为所求作的点。

变式 1：如图 2-20 所示，已知点 A 是半圆上的三等分点，B 是的中点，P

是直径 MN 上的一动点，⊙O 的半径为1。P 在 MN 上什么位置时，$AP+BP$ 的值最小？并给出 $AP+BP$ 的最小值。

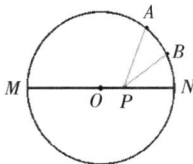
图 2-20

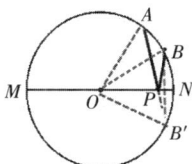
图 2-21

分析：此题是"最短路径问题"在圆中的应用。结合圆是轴对称图形及垂经（径）定理等有关知识建构"将军饮马"问题模型然后利用圆的有关性质计算最小值。

答案：如图 2-21，作 B 关于 MN 的对称点 B'，根据圆的对称性，则 B' 必在圆上，连接 AB' 交 MN 于 P，连接 PA，则 $PA+PB$ 最小，此时 $PA+PB=PA+PB'=AB'$。

连接 OA、OB、OB'

∵ A 是圆的三等分点，B 是弧 AN 的中点

∴ $\angle AON = \angle BOB' = 60°$

∴ $\angle BON = \angle B'ON = 30°$

∴ $\angle AOB' = 90°$

∴ $AB'^2 = OA^2 + OB'^2 = 1^2 + 1^2 = 2$

∴ $AB' = \sqrt{2}$，即 $AP+BP$ 的最小值是 $\sqrt{2}$

变式 2（2012 年济南中考）：如图 2-22，抛物线与坐标轴交 $A(-3，0)$ $B(1，0)C(0，-3)$ 三点。

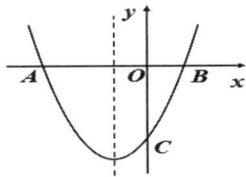
图 2-22

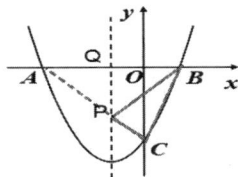
图 2-23

（1）求此抛物线的函数表达式。

（2）已知在对称轴上存在一点 P，使得的 $\triangle BCP$ 的周长最小。请求出点 P 的坐标。

分析： $\triangle$ 的周长最小，BC 边固定，实则求 $PB+PC$ 最小。抽象出"将军饮马"的基本图形，思考寻求 B、C 两点哪个点的对称点好，为什么？另外思考求 P 点坐标不同的求法。

答案：（1）$y=x^2+2x-3$

（2）∵ B 点与 A 点关于对称轴对称

∴ 连接 AC，AC 与对称轴的交点便为所求点 P

∵ $A(-3，0)$，$B(1，0)$

∴ 对称轴为 $x=-1$

又∵ $C(0，-3)$

求得线段 AC 所在直线为 $y=-x-3$

当 $x=-1$ 时，$y=-2$

∴ $P(-1，-2)$

变式 3： 有一条河的两岸互相平行，A、B 是两个村庄，要在河上建一座与河岸垂直的 CD 桥，使两村的人们来往方便，在哪里建桥可使 A、B 两村之间的路径 A-C-D-B 最短？请你设计一个解决问题的方案。

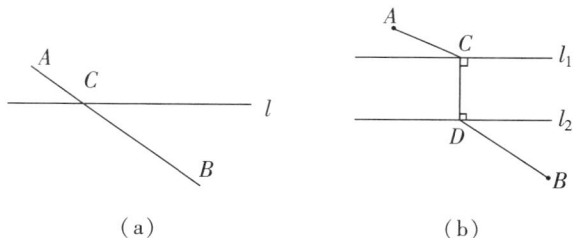

（a）　　　　　　　　（b）

图 2-24

分析： 图 2-24（a）是忽略河宽，直接利用"两点之间线段最短"这一理论依据。

图 2-24（b）有一定河宽，但是定长，要求 A-C-D-B 最短，其实是求 $AC+DB$ 最短，思考如何将不在同一条直线上的两条线段和最小，要想到图形的平移。即将线段 DB 沿着 CD（垂直于河岸）的方向平移定长（河宽 h）。另外还可以这样思考：将河宽 h 压缩为 0，B 点的位置就会沿着垂直于河岸的方

向平移一个河宽，此时就转化成图 2-24 (a) 的问题确定桥址 C 处了，然后过 C 点垂直于河岸架桥 CD，这样桥址就确定了。

解法：过 B 作 BB′⊥l1，使 BB′=h。连接 AB′交 l 于点 C，作 CD⊥l1 交于 l1 点 D，连接 AC、DB。这时 A、B 两村之间的路径 A–C–D–B 最短，线段 CD 即为所求。

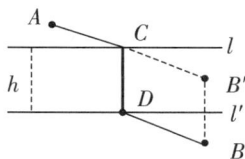

图 2-25

变式 4：在平面直角坐标系中，矩形 OACB 的顶点 O 在坐标原点，顶点 A、B 分别在 x、y 轴的正半轴上，OA=3，OB=4，D 为 OB 的中点。若 E、F 为边 OA 上的两个动点，且 EF=2，当四边形 CDEF 的周长最小时，确定 E、F 的位置。

分析："将军饮马"问题是已知直线同侧两点，在直线上求一点，满足线段和最短，利用轴对称的方法将"折"转"直"；"造桥选址"问题是已知直线异侧两点，在直线上（河岸）求作两点（这两点有关系，求一点能知另一点），满足线段和最小，利用图形平移的办法设计；而这道题是已知直线（x 轴）同侧两点，在直线上求作两点（这两点有关系，求一点能知另一点）。再按一种思维方法是不能解决问题了。基本的模型"将军饮马"问题是在直线上求一点，满足线段和最小。此题条件一样，是在直线上求作两点，所以关键是如何转化成求作一点？平移。再如何"折"转"直"？轴对称。这是一道既用"轴对称"又用"平移"的方法解决问题的。

解法：如图 2-26，将点 C 沿着 CB 的方向平移 2 个单位至 C′，作 D 关于 X 轴的对称点 D′，连接 C′D′ 交 X 轴点 E，将 E 点沿 X 轴向正方向平移 2 个单位即得到 F 点。E 点、F 点即为所求。此时四边形 DEFC 的周长最小。

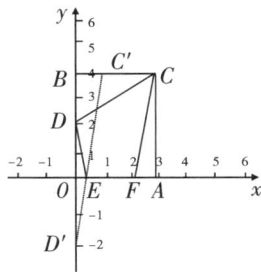

图 2-26

2. 课堂检测

（1）如图 2-27，在边长为 2 的等边三角形 ABC 中，点 D 是 AC 的中点，AE⊥BC，点 P 是 AE 上任一点，则 PC+PD 的最小值为多少？

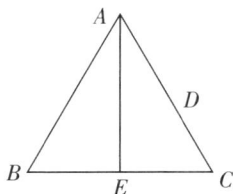

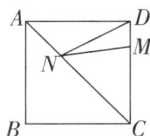

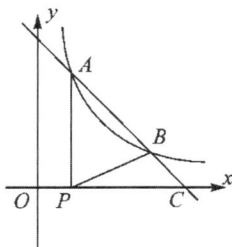

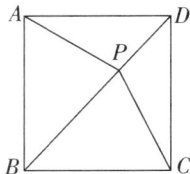

图 2-27　　　　　图 2-28　　　　　图 2-29　　　　　图 2-30

（2）如图 2-28，正方形 $ABCD$ 的边长为 8，M 在 DC 上，且 $DM=2$，N 是 AC 上的一动点，$DN+MN$ 的最小值为？

（3）如图 2-29，一次函数 $y=-x+4$ 的图像与反比例 $y=\dfrac{3}{x}$ 的图像交于 A，B 两点。在 x 轴上找一点 P，使 $PA+PB$ 的值最小，求满足条件的点 P 的坐标。

如图 2-30，A、B、C 是三个村庄，它们恰好是正方形 $ABCD$ 的三个顶点，现要在公路 BD 某处 P 的附近修建一座农产品收购站。当点 P 选在何处时 $AP+BP+CP$ 的值最小？试利用图形的旋转，探索点 P 的位置。

3. 设计意图

数学中的"最短路径问题"是一类经典的优化问题，旨在找到两个或多个点之间的最短距离或路径。这类问题不仅在几何和图形中有所应用，还在计算机科学、工程、物理和交通规划等领域发挥着重要作用。通过这类例题，可以培养学生的优化思维，使其学会如何在多种可能性中选择最佳方案，还可以锻炼学生的逻辑推理能力，因为寻找最短路径通常需要对问题进行逐步分析和推理。

4. 思路点拨

需要明确问题的背景和情境，理解题目中给出的起点、终点和可能的障碍物或限制条件。回顾和应用与距离、长度和图形相关的基本数学知识，如勾股定理、角边性质等，通过平移、旋转或轴对称等几何变换可以简化问题。

（四）教学小结

1. 综合与实践课的重要性与教学现状

青岛版初中数学教材中的综合与实践课程在每册书的最后一课被突出展示，意在强调其实践性和探究性。然而，实际教学中很多教师并未给予足够的重视，导致学生无法充分体验和实践研究性学习，从而限制了他们综合能力的提升。针对这一现象，应当强调综合实践课的价值，并鼓励教师转变教学方式，充分发挥其在学生全面发展中的作用。

2. 问题设计的启发性和梯度性

在设计综合实践课的问题时，应注意问题的启发性和梯度性。问题应具有足够的深度，能够激发学生的思考，同时也要考虑学生的实际情况，将复杂问题分解为若干个简单、有梯度的小问题，让学生逐步深入、逐步解决。这样的设计不仅有助于学生的理解，还能培养他们的解题能力和逻辑思维能力。

3. 学生对解题思路的困惑与教学策略

在实际教学中，我们发现学生在解决某些复杂问题时，如"将军饮马""造桥选址"等最短路径问题时，常常存在解题思路不清晰的问题。为了帮助学生解决这一问题，可以采用以下教学策略：首先，引导学生从题目的已知条件和结论中提取有用信息，明确问题的类型；其次，帮助学生建立基本模型，掌握解题的基本方法；最后，通过变式练习和课后巩固，加深学生对知识点的理解和应用。

4. 对教学环节的再认识与优化

在本节课的教学中，采用了"问题情境—建立模型—求解—解释与应用"的基本过程，通过复习相关知识、创设生活案例、建立数学模型等方式，引导学生探索最短路径问题的解决方法。然而，由于内容较多、难度较大，学生在探索过程中并未能充分展开。为了优化这一环节，可以考虑以下措施：首先，精简教学内容，突出重点和难点；其次，给予学生更多的思考和交流时间，鼓励他们自主探索和合作学习；最后，通过课后延伸和拓展练习，巩固学生的知识和技能。

二、黄金分割与黄金矩形

（一）教学目标

知道黄金分割的定义；会找一条线段的黄金分割点；会判断某一点是否为一条线段的黄金分割点。通过找一条线段的黄金分割点，培养学生的理解与动手能力。理解黄金分割的现实意义，并能动手找到和制作黄金分割点和图形，让学生认识数学与人类生活的密切联系。

（二）教学重难点

了解黄金分割的意义并能运用，找出黄金分割点和画黄金矩形。

（三）教学过程

1. 画图操作

如何找到一条线段的黄金分割点？

多数学生尝试画出 1cm、2cm 的线段，通过计算找到黄金分割点大概的位置。可以用这种方法大概地找到当线段长为 a 时黄金分割点的位置，但不能精确地找到。

如果已知线段 AB，则可以按照如下方法画图：

经过点 B 作 $BD \perp AB$，使 $BD = \dfrac{1}{2} AB$；连接 AD，在 DA 上截取 $DE = DB$；在 AB 上截取 $AC = AE$，则点 C 为线段 AB 的黄金分割点。

为什么点 C 为线段 AB 的黄金分割点？

方法提示：设 $AB = 2$，分别求出 AC 和 BC，并计算 $\dfrac{BC}{AC}$ 和 $\dfrac{AC}{AB}$ 及 AC^2 和 $BC \cdot AB$ 的值。

2. 例题

（1）电视节目主持人在主持节目时，站在舞台的黄金分割点处最自然得体，若舞台 AB 长为 20m，试计算主持人应走到离 A 点至少多少米处是比较得体的位置？（结果精确到 0.1m）

（2）人体下半身（即脚底到肚脐的长度）与身高的比越接近 0.618，越给人以美感。某女士身高 1.68m，下半身 1.02m，她应选择多高的高跟鞋看起来更美丽？（精确到 1cm）

（3）设 AB 是已知的线段，在 AB 上作正方形 $ABCD$，取 AD 的中点 E，连接 EB，延长 DA 至 F，使 $EF = EB$，以线段 AF 为边作正方形 $AFGH$，点 H 就是 AB 的黄金分割点。

任意作一条线段，用上述方法作出这条线段的黄金分割点，你能说说这种作法的道理吗？

答案：设 $AB=2$，$\text{Rt}\triangle BAE$ 中，$BE=\sqrt{AB^2+AE^2}=\sqrt{2^2+1^2}=\sqrt{5}$

于是 $EF=BE=\sqrt{5}$，$AH=AF=BE-AE=\sqrt{5}-1$，$BH=AB-AH=3-\sqrt{5}$，

因此 $\dfrac{AH}{AB}=\dfrac{BH}{AH}$，点 H 是 AB 的黄金分割点。

3. 设计意图

本节课在于展示黄金分割在人类生活中的作用，提高解答问题的能力。其中还运用比例变形的技巧，让学生体会比例基本性质的重要性。例题（3）在于向学生介绍另一种可以作黄金分割点的方法，同时进一步巩固黄金分割点的认识。

4. 思路点拨

黄金分割是指将一条线段分为两部分，使得较长部分与整体部分的比值等于较短部分与较长部分的比值，这个比值约等于 0.618。在例题中，通常会给出一些已知条件，如线段的长度、角度等。利用这些已知条件，可以建立方程或不等式来求解问题。对于一些复杂的黄金分割问题，可以尝试通过画图来辅助理解。图形可以帮助我们更直观地看到线段之间的关系，从而更容易找到解题思路。

（四）教学小结

教学设计注重揭示数学的现实意义。黄金分割是连接数学与建筑、摄影、经济等多个领域的桥梁。通过实例和案例，使学生深刻感受到数学并非孤立存在，而是深深植根于生活之中。通过讨论黄金分割在这些领域中的应用，学生能够更加理解数学的实用性和价值，从而增强学习数学的兴趣和动力。

体会数形结合的思想。通过尺规作图，让学生亲手实践黄金分割的作图方法，理解其背后的数学原理。这种数形结合的方式有助于学生更直观地理解数学概念和原理，同时也能培养他们的空间想象力和几何直观能力。在作图的过程中，学生将逐渐领会到数学图形与数学关系之间的紧密联系，为后续的数学学习打下坚实的基础。

以学生为中心的教学方法。在教学过程中，教师积极启发和引导学生，鼓励他们提出问题，尽可能多地为他们提供动手实践、动脑思考和交流讨论

的机会。通过这种方式，学生能够更加主动地参与到学习过程中来，发挥自己的主观能动性，培养自主学习和合作学习的能力。

第四节　教学实录

一、同位角、内错角、同旁内角

（一）教学目标

1. 知识与技能：理解同位角、内错角、同旁内角的概念；结合图形识别同位角、内错角、同旁内角。

2. 过程与方法：通过变式图形的识图训练，培养学生的识图能力；通过例题口答"为什么"，培养学生的推理能力。

3. 情感、态度与价值观：在活动中培养学生乐于探索、合作学习习惯，培养学生"用数学"的意识和能力。

（二）教学重难点

重点：同位角、内错角、同旁内角的概念。

难点：在复杂的图形中辨认同位角、内错角、同旁内角。

（三）教学过程设计

1. 认识同位角、内错角、同旁内角

出示学校附近的道路示意图 2-31，把道路抽象形成图 2-32。

图 2-31

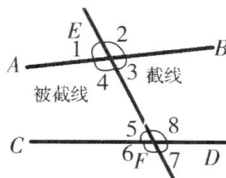
图 2-32

师：谁能描述哪两条直线被第三条直线所截？

生：直线 AB、CD 被直线 EF 所截。

师：哪条是截线，哪条是被截线？

生：直线 EF 是截线，直线 AB、直线 CD 是被截线。

师：请同学们仔细观察，形成了几个小于 $180°$ 的角？

生：8 个，$\angle 1$ 与 $\angle 3$，2 与 $\angle 4$，$\angle 5$ 与 $\angle 7$，$\angle 6$ 与 $\angle 8$，它们分别为对顶角。

师：这就是常说的"三线八角"，那么，还有没有其他新的位置关系的角呢？观察图中的 $\angle 1$ 与 $\angle 5$，它们与截线和被截线之间有什么位置关系？

生：$\angle 1$ 与 $\angle 5$ 分别在被截线 AB、CD 的上方，且都在截线 EF 的同侧。

师：观察图形，在截线 EF 的同旁，且在被截两直线 AB、CD 的同一侧的角，称为同位角。图中还有其他的同位角吗？请你指出来。

生：$\angle 2$ 与 $\angle 8$，$\angle 3$ 与 $\angle 7$，$\angle 4$ 与 $\angle 6$。

师：找得非常全，真棒！

师：把 4 对同位角单独抽出来，像我们学过的什么英语字母？

生：形如字母"F"

师：对，用字母"F"的特征，也可以判定。

师：怎样准确快速地找到一对同位角呢？找出哪条直线是第三条直线（截线）是关键。观察 $\angle 1$ 与 $\angle 5$ 这对同位角，请描出它们的边，你发现了什么？

生：$\angle 1$ 与 $\angle 5$ 有一条边在同一条直线上。

师：这条直线就是第三条直线（也就是截线）。

师：观察 $\angle 3$ 与 $\angle 5$，它们有怎样的位置关系？

生：$\angle 3$ 与 $\angle 5$ 分别在截线 EF 的两旁，且都在被截直线 AB 与 CD 之间。

师：你们组讨论得很认真，满足这两个条件的角称为内错角。

师：图中还有其他的内错角吗？请你指出来。

生：$\angle 4$ 与 $\angle 8$ 也是内错角。

师：把两对内错角抽出来，看它们都像哪一个字母？

生：成内错角的形如字母"Z"。

师：观察 $\angle 4$ 与 $\angle 5$，它们有怎样的位置关系？

生：∠4 与 ∠5 都在截线 EF 的同旁，且都在被截直线 AB 与 CD 之间。

师：除 ∠4 与 ∠5 之外，图中还有其他的内错角吗？

生：∠3 与 ∠8。

师：把两对同旁内角抽出来，看它们都像哪一个字母？

生：成同旁内角形如字母"U"。

2. 例题

（1）如图 2-33，直线 EF、GH 被直线 AB 所截，哪几对角是同位角？哪几对角是内错角？哪几对角是同旁内角？

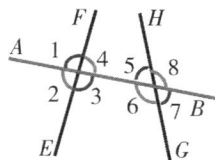
图 2-33

答案：∠1 和 ∠5，∠4 和 ∠8，∠2 和 ∠6，∠3 和 ∠7 共 4 对同位角；∠3 和 ∠5，∠4 和 ∠6 共 2 对内错角；∠3 和 ∠6，∠4 和 ∠5 共 2 对同旁内角。

（2）如图 2-34，直线 a、b 被直线 l 所截。

① ∠3 与哪个角是同位角？

② 如果 ∠1 = ∠5，那么 ∠7 与 ∠1、∠8 与 ∠1 有什么大小关系？分别说明理由。

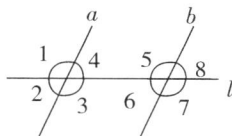
图 2-34

答案：① ∠3 与 ∠7 是同位角；② ∠7 = ∠1，因为 ∠7 与 ∠5 是对顶角，对顶角相等，∠1 = ∠5，则 ∠7 = ∠1；∠8 与 ∠1 互为补角，因为 ∠5 与 ∠8 互为补角，∠1 = ∠5，则 ∠8 与 ∠1 互为补角。

变式 1：如图 2-35，∠A 与 ∠8 是哪两条直线被第 3 条直线所截的角？它们是什么关系的角？∠A 与 ∠5 呢？∠A 与 ∠4 呢？

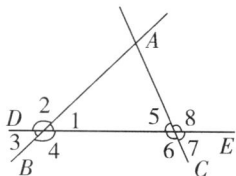
图 2-35

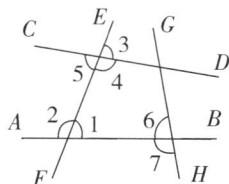
图 2-36

变式 2：如图 2-36，直线 AB、CD 被直线 EF、GH 所截。

① 在所标出的角中，哪几对角是同位角？哪几对角是内错角？哪几对角是同旁内角？

②直线 *EF*、*GH* 被直线 *AB* 所截形成的角的位置关系是什么？

3. 设计意图

让学生了解三线八角的定义，还可以用图形的特点进行描述，学会描图法、遮挡法判断角的性质。

4. 思路点拨

引导学生观察、思考三种类型的角在位置上有何特征，他们是哪两条直线被哪条直线所截形成的一对角，并且配以有趣的限时抢答游戏，使学生轻松突破这节课的难点，把看似简单，但不易掌握的一节内容，在轻松、愉快的气氛中认识并掌握。

（四）教学小结

本节课运用希沃白板教学，几何图形由静态变为动态，文字、图形、动画呈现教学内容大大提高了学生的学习兴趣，增强了教学的直观性、形象性、深刻性、艺术性，调动了学习积极性。学生对简单图形的同位角、内错角、同旁内角判定较准确，有部分学生可能课上速度太快没有完全理解这些角的关系，针对课堂反馈的信息及时对学习困难的学生进行补差补缺，让所有学生都有收获，激发他们学习的兴趣。

二、平行四边形的性质

（一）教学目标

理解平行四边形的定义及有关概念，经历用平行四边形描述、观察世界的过程，激发学生的形象思维和抽象思维。感受数学与生活的联系，培养学生的数学应用意识，体验数学的实用价值。

（二）教学重难点

理解平行四边形的定义，理解并掌握平行四边形的判定方法，灵活应用平行四边形的判定定理和性质定理来解决实际问题。

（三）教学过程设计

师（出示平行四边形的课件）：同学们，大家看看这个图形，这是什么形状？

生：平行四边形。

师：我们已经知道平行四边形的一些基本性质，比如它的对边相等，对角也相等。但今天，我们要更进一步，通过证明来确认这些性质。

师：我们先来看第一个性质，平行四边形的对边相等。在平行四边形 $ABCD$ 中，我们如何证明 AB 等于 CD，BC 等于 AD 呢？

生：连接对角线 BD，证明 $\triangle ABD$ 和 $\triangle CDB$ 全等，即可证明 AB 等于 CD，BC 等于 AD。根据"两直线平行，内错角相等"的定理，可以证明 $\angle ADB = \angle CBD$，$\angle ABD = \angle CDB$，并且还有一条公共边 BD，利用 ASA 证明三角形全等。

师：非常棒！这是一个很好的思路。接下来，我们看第二个性质，对角相等。大家想想，我们怎么证明 $\angle A$ 等于 $\angle C$，$\angle B$ 等于 $\angle D$ 呢？

生：在平行四边形 $ABCD$ 中，连接对角线 BD，已经证明 $\triangle ABD$ 与 $\triangle CDB$ 全等，所以可得 $\angle B$ 等于 $\angle D$。两对内错角 $\angle ADB = \angle CBD$，$\angle ABD = \angle CDB$ 分别相等，相加之后为 $\angle A$ 与 $\angle C$，即可证 $\angle A$ 等于 $\angle C$。

师：很好，那么如何证明平行四边形邻角的关系？

生：根据"两直线平行，同旁内角互补"的定理，可以证明平行四边形的邻角互补。

师：根据我们刚才的证明过程，同学们能总结出今天的知识点吗？也就是平行四边形有哪些性质？

生：平行四边形的对边相等，平行四边形的对角相等，平行四边形的邻角互补。

（四）教学小结

在平行四边形性质的教学中，我主要围绕理解平行四边形的定义、掌握其基本性质（如对边相等、对角相等），以及运用这些性质解决实际问题等目标展开。通过一系列的教学活动，我发现大部分学生能够较好地掌握平行四边形的基本性质，并能将其应用于实际问题中。我引导学生通过观察、实验、猜想、验证等过程，自主发现平行四边形的性质，并尝试证明。这种教学方式不仅提高了学生的探究能力，还激发了他们的学习兴趣。

第三章 听评课反思篇

"学而不思则罔，思而不学则殆。"这句话深刻揭示了学习与反思之间的紧密联系。我们与名家名师之间的差距，有时仅仅在于一个反思的行为。对于一名教师而言，若未能养成反思的习惯，缺乏反思的能力，即便从教二十载，其教学经验也可能只是年复一年的简单重复。

教师的成长公式是"成长＝经验+反思"。而听评课，作为教师专业化发展的重要途径，具有不可忽视的价值。在课堂教学中，教师往往难以察觉自己的教学行为是否得当。通过听评课，教师可以学习他人的成功经验，吸取他人失败的教训，用更为科学的方法指导自己的教学实践。更重要的是，听评课为教师提供了一个反思和研究的平台，使教师能够将听课中获得的感性认识升华为理性认识，进而发现自身教学中的不足。通过取长补短、相互交流，教师可以改进自己的教学方法，从而提高教学效果。

第一节 "一次函数"（复习课）听评课记录与反思

一、课题引入

本堂课在进行一次函数复习课的引入时，采用了图形展示的方式来激发学生的兴趣并帮助他们回顾知识。首先，通过多媒体设备展示一个一次函数的图像，让学生观察这个图像，并引导他们从点、线、象限等角度思考与此图像相关的知识点。其次，授课教师提出问题：这个图像代表了一次函数的哪些性质？如何从图像中得出一次函数的解析式？通过这些问题，引导学生回忆并复习一次函数的定义、图像性质、解析式求法等知识点。同时，授课教师还进一步拓展，让学生思考一次函数在现实生活中的应用，或者与其他知识点（如二次函数、反比例函数等）的联系与区别。

反思：对于上述一次函数复习课的引入方式，我认为它非常有效且富有趣味性。首先，通过图形展示的方式引入课程，能够迅速吸引学生的注意力，并激发他们的学习兴趣。其次，引导学生从多个角度观察图像并思考问题，能够帮助学生全面回顾一次函数的相关知识点，并加深他们的理解。最后，通过拓展思考，让学生将一次函数与现实生活或其他知识点联系起来，能够拓宽学生的视野，培养他们的综合应用能力。

总的来说，这种引入方式不仅符合学生的认知规律，而且能够让学生在轻松愉快的氛围中回顾知识、巩固基础，为后续的学习打下坚实的基础。同时，它还能够激发学生的学习兴趣和积极性，提高他们的学习效果。

二、复习目标

知识回顾与巩固：帮助学生回顾并巩固一次函数的基本概念、定义、性质以及图像的绘制方法。学生应能够准确描述一次函数的定义，理解其斜率截距的意义，并能够绘制一次函数的图像。

技能提升：学生应能够熟练求解一次函数的解析式，包括根据已知的点或条件求斜率、截距和函数表达式。同时，他们还应能够利用一次函数的图像解决简单的实际问题，如求交点、判断函数增减性等。

理解函数与其他概念的联系：学生应能够理解一次函数与直线方程的关系，一次函数与二元一次方程组的联系，以及一次函数与不等式等概念的关联。

培养解决问题的能力：学生应能够运用一次函数的知识，结合实际情况，提出问题、建立模型、求解问题，并能够解释结果的合理性。

形成数学思维方式：如归纳、分类、类比、化归等。这些思维方式对于后续数学学习和解决实际问题都非常重要。

反思：该堂课的复习目标设定得非常合理且全面，既注重了知识体系的系统性，又强调了技能训练的针对性和跨学科整合的意识；同时，还注重了问题解决能力的培养和数学思维方式的引导。这些目标符合初中学生的认知水平和数学教育的理念，能够有效促进学生的全面发展。

三、教学过程

（一）知识回顾

课堂上，学生两两配对，其中一位学生（我们称其为"师父"）对一次函数的知识掌握较好，而另一位学生（我们称其为"徒弟"）在对一次函数的理解上稍有欠缺。

师父首先引导徒弟回顾一次函数的基本概念。接着，师父会针对徒弟的疑惑或遗忘的知识点进行深入解释。例如，通过绘制图像帮助徒弟理解一次函数的增减性、截距的正负对图像位置的影响等。师父会选取一些典型的例题，与徒弟一起分析解答。通过实例，让徒弟更加清晰地理解一次函数在实际问题中的应用。在回顾过程中，师父和徒弟会互相提问，以检验对方对知识的掌握情况。这种互动有助于加深双方的记忆和理解。

反思：在"师徒互助"教学模式下，一次函数的知识回顾过程更加有效。因为师父可以根据徒弟的实际情况，有针对性地进行辅导，而徒弟在师父的帮助下，也能够更快地掌握知识点。

（二）题型讲解

课堂上，师父和徒弟坐在一起，共同做一道关于一次函数解析式求解和图像应用的题目。师父首先仔细审题，然后向徒弟解释题目的要求，明确需要求解的目标和已知条件。师父提醒徒弟回忆一次函数的基本形式（$y = kx + b$）和斜率、截距的意义，确保徒弟对基础知识有清晰的理解。师父根据题目中的条件，指导徒弟建立关于斜率 k 和截距 b 的方程。例如，如果题目给出了两个点，就使用两点式来求解。师父引导徒弟一起解方程，得出斜率 k 和截距 b 的值。在这个过程中，师父会耐心解答徒弟的疑问，确保徒弟理解每一步的求解过程。最后，师父会引导徒弟总结题目中的知识点和解题方法，并鼓励徒弟进行反思，找出自己的不足和改进方向。

反思：师父在讲解过程中采用了循序渐进、逐步引导的方法，确保徒弟能够逐步理解和掌握一次函数的题目解法。这种方法有助于提高徒弟的学习效果和自信心。师父能够针对徒弟的实际情况进行个性化辅导，确保徒弟能够在自己的基础上得到提升。这种针对性的教学方式有助于提高教学效果。

（三）评价反馈

1. 师父给徒弟的评价

优点：

积极参与。在解题过程中，徒弟始终保持积极的学习态度，对问题充满好奇，并乐于尝试新的解题思路。

认真思考。当遇到难题时，徒弟会认真思考，尝试从多个角度去理解问题，这种思考习惯有助于其深入理解数学知识。

敢于提问。对于不理解的地方，徒弟敢于提问，这种勇于求知的精神值得肯定。

不足：

基础不够扎实。在一些基础知识点上，徒弟的掌握还不够牢固，需要进一步加强复习和巩固。

解题速度较慢。在解题过程中，徒弟的思考和计算速度相对较慢，可能需要加强练习来提高解题效率。

2. 徒弟给师父的评价

优点：

讲解清晰。师父的讲解非常清晰，能够用简单的语言解释复杂的问题，让我容易理解。

耐心细致。师父在解答我的疑问时非常耐心，能够反复讲解直到我理解为止。

方法多样。师父在解题时提供了多种不同的思路和方法，让我能够更全面地理解题目。

不足：

有时过于严格。师父在指出我的错误时有时会过于严格，这让我感到有些压力。希望能够更加温和地指出问题。

3. 反思：本节课的成功之处

互助学习氛围浓厚。"师徒互助"教学模式有效促进了学生之间的交流与互动。学生们通过相互讨论、提问和解答，共同解决了学习中的难题，形成了浓厚的互助学习氛围。

学习积极性提高。在这种模式下，学生的学习积极性得到了显著提高。他们更加主动地参与到学习中来，愿意花更多的时间和精力去理解和掌握一次函数的知识点。

个性化辅导效果好。由于学生之间的互助，每个学生都能得到更加个性化的辅导。这种辅导方式更加贴近学生的实际需求，有助于他们更好地理解和掌握知识。

问题解决能力提升。通过相互合作，学生们不仅学会了如何解决问题，还学会了如何与他人合作解决问题。这种能力的提升对于他们未来的学习和生活都具有重要意义。

4. 本节课的不足之处

部分学生参与度不高。虽然大部分学生都积极参与到了互助学习中来，但仍有部分学生参与度不高，缺乏主动性。这可能与他们的性格、学习习惯或是对知识的掌握程度有关。

部分问题解答不够深入。在互助过程中，有些学生对于问题的解答不够深入，只是停留在表面。这可能与他们的知识储备、理解能力或是时间限制有关。

时间管理需要优化。在互助学习过程中，时间管理是一个重要的问题。

有时学生会在某个问题上花费过多的时间，导致其他知识点的学习受到影响。因此，需要优化时间管理策略，确保每个知识点都能得到充分的复习和巩固。

第二节　期中试卷讲评课听评课记录与反思

一、学习目标

（一）知识与技能

深入理解倒数的概念，能够准确判断两个数是否为倒数关系，并会求一个数的倒数。

掌握分数乘法的计算法则，能够熟练进行分数乘法运算，包括约分和通分。

理解分数除法的意义，掌握分数除法的计算法则，能够熟练进行分数除法运算，并能将除法转化为乘法进行计算。

掌握"比"的概念，了解"比"的基本性质，能够正确读写比，并会求比值和化简比。

（二）过程与方法

通过试卷评讲，培养学生分析问题的能力，能够针对题目中的关键信息，运用所学知识进行解答。

引导学生总结归纳解题方法和技巧，形成有效的解题策略，提高解题速度和正确率。

鼓励学生进行小组合作学习，通过讨论和交流，加深对知识点的理解和记忆。

（三）情感态度与价值观

激发学生的学习兴趣和求知欲，培养学生的自主学习能力和探究精神。

帮助学生树立正确的学习态度，认识到学习的重要性和必要性，形成积极的学习心态。

培养学生的团队合作精神和集体荣誉感，增强班级凝聚力。

反思：本节课的主要任务是针对期中考试进行全面而细致的讲评与总结。首先，老师对试卷的整体内容进行了深入分析，根据试卷的考查重点确定了讲解的重点。接着，结合学生试卷的实际答题情况，明确了学生普遍存在的易错点和难点，确保目标定位既准确又具体。这样的安排使学生清晰地了解到本节课的学习目标，并明确了自己需要掌握和提升的能力。通过对考试中出现的问题进行深入剖析，学生得以对照自己的日常学习和答题习惯，从而更加清晰地认识到自身的长处和不足。这种反思与对比不仅提高了学生的自我认识，还有效地激发了他们进一步学习的积极性。

二、讲评过程

（一）具体评讲内容

针对倒数部分，重点讲解倒数的定义、性质及求法，结合试卷中的错题，分析学生易错的原因，并提供相应的纠正方法。

对于分数乘除法部分，首先回顾分数乘除法的计算法则，然后结合具体题目，讲解如何运用法则进行计算，同时强调约分和通分的重要性。对于错题，要分析学生的解题思路，找出错误所在，并给出正确的解答方法。

在讲解"比"的部分时，首先要明确"比"的概念和性质，然后结合具体题目，讲解如何求比值、化简比以及解决与"比"相关的问题。对于学生在理解和应用上存在的困难，要给予耐心细致的指导。

（二）评讲方法

采用互动式评讲方式，鼓励学生积极参与讨论，发表自己的观点和看法。

对于典型错题和难题，要进行重点讲解和示范，确保学生能够理解和掌握。

结合学生的实际情况，提供个性化的辅导和建议，帮助学生解决学习中遇到的问题。

（三）师徒互助交流

师父：同学们，经过期中考试的检验，我们一起来回顾一下试卷中的知识点，并找出我们的不足之处。今天的评讲，我们将采用师徒互助模式，希望大家能够积极参与，互相学习，共同进步。

徒弟：师父，我在倒数这部分有些困惑，特别是如何快速判断一个数是否有倒数。

师父：很好，这是一个重要的问题。除了 0，每个数都有倒数，它的倒数是 1 除以这个数。例如，5 的倒数是 1/5。我们可以通过这个定义来快速判断。

徒弟：我明白了，谢谢师父！

徒弟：师父，我在做分数乘除法的时候，总是容易出错，尤其是当分子和分母都很大的时候。

师父：分数乘除法确实需要细心。乘法时，我们直接分子乘分子，分母乘分母；除法时，可以转化为乘法，即乘以除数的倒数。另外，约分和通分也很重要，这可以简化我们的计算。

徒弟：我会注意的，谢谢师父的提醒。

徒弟：师父，我觉得"比"这部分的知识很抽象，有时候不太理解题目中的意思。

师父："比"其实是一个相对的概念，它表示两个数量之间的关系。我们可以通过"比"的基本性质来解题，比如交叉相乘等。另外，多做一些相关题目，对加强"比"的理解也是很有帮助的。

徒弟：我懂了，我会多练习的。

师父：同学们，刚才我们针对试卷中的难点进行了讨论和交流。希望大家能够把今天学到的知识和方法应用到以后的学习中，不断提高自己的数学水平。

徒弟：谢谢师父的指导，我会努力的！

师父：课后，我们可以找一些相关的练习题来做，巩固今天学到的知识。同时，也可以互相检查作业，互相帮助，共同提高。

徒弟：好的，师父，我会的！

三、总体评价

（一）聚焦与省略

聚焦重点：该评讲课在内容上聚焦于试卷中的关键知识点，如倒数、分数乘除法、比等，对每个部分都进行了深入细致的讲解。老师能够准确把握考试的重点和难点，将学生的注意力集中在这些关键点上，确保学生能够在短时间内抓住复习的要点。

省略冗余：在评讲过程中，老师避免了冗长和无关紧要的讲解，省略了那些对学生来说已经熟悉或者过于简单的内容。这种聚焦和省略的策略使得评讲课更加高效，让学生在有限的时间内获得最大的收益。

（二）变式与发散

变式教学：老师在评讲过程中采用了变式教学的方法，通过改变题目的条件和形式，让学生从不同的角度思考问题。这种教学方式有助于培养学生的思维灵活性和解题能力，使学生能够更好地应对各种不同类型的题目。

发散拓展：在评讲过程中，老师不仅局限于试卷上的题目，还进行了一些相关的拓展和延伸。老师引用一些类似但难度更高的题目进行讲解，或者对某个知识点进行更深入的探讨。这种发散拓展的教学方式有助于拓宽学生的视野，提高他们对数学知识的理解和应用能力。

（三）还原与梳理

还原思维过程：在评讲过程中，老师注重还原学生的思维过程，帮助学生找出解题过程中的错误和不足之处。通过让学生重新思考和解答题目，老师能够帮助学生深入理解题目的本质和解题技巧，从而避免类似的错误再次发生。

梳理知识体系：评讲课后，老师会对本次考试所涉及的知识点进行梳理和总结，帮助学生建立起完整的知识体系。这种梳理和总结有助于学生更好地掌握数学知识，提高学习成绩。

第四章 备考研究篇

随着国家教育事业的发展，中考受到家长、学校及社会各界广泛重视。中考对于所有的初中生而言都有着非同凡响、至关重要的意义，而复习备考的效率和效果则直接影响着学生中考成功与否。因此，做好中考备考策略，提升中考备考效率与质量是初三教师的重任及核心目标。其中，数学是初中阶段的重要学科，也是中考必考的科目之一，本章将从初中数学复习进程、命题方向、复习方法、中考技巧、压轴题研究、一轮复习知识要点及数学双向细目表等多个方面出发，系统全面地分析和论述初中数学中考备考的有效途径和基本策略，希望能够为一线初中数学教师提供有益的借鉴。

第一节　中考试题分析

菏泽市 2019—2020 年度中考数学试题分析

通过对 2019—2020 年菏泽市中考数学试题的分析，可知基本题、爬坡题、难题的比例为 6：3：1，因此"做好基本题，捞足基本分"是中考成功的秘诀；重视基础，做到"基础题零失分，爬坡题夺高分"是获得高分的关键。值得注意的是，在中考中真正拉开考生档次的不是难题，而是基本题、爬坡题。

在 2019—2020 年，中考试题都是采用选择题、填空题、解答题三类题型进行基础知识、基本技能、综合运用、实践能力的考查，并且难度一年比一年大，但都注重考查学生的基础知识、基本技能、思想方法，都立足于学生的学习特点和生活实践，从学生身边熟悉的事物和现象入手创设问题情境，数学的应用性、探索性、综合性、实践性、时代性、人文性等都能体现。试题的要求和平时教学的要求基本一致。综合分析 2019—2020 年的考题，主要体现出以下三个特点。

一、注重考查基础，强调联系生活实际

联系生活实际意在培养学生的数学应用意识，灵活多样地考查学生对基础知识和基本技能的掌握情况。

二、关注社会热点，渗透情感态度价值观

新闻热点不断走进中考命题的范围，这类题目主要以当前社会现象、新闻时事等为背景，考查学生从所给材料中提炼有用信息并利用所给信息解决实际问题的能力，以对学生进行情感态度价值观的教育。

三、利用地域特色，考查综合知识的运用能力

中考试题都增加了以菏泽特有的资源为背景的题目，此类题目在综合考查学生利用所学知识解决实际问题的同时，也激发了学生对家乡的热爱之情，让学生充分感受数学的魅力。

2023 年菏泽市普通高中招生考试数学试卷分析

一、试卷特点

（一）关注学业基础，体现考试性质

本试卷命题依旧注重对学生基础知识和基本技能的考查，并让不同层次的学生都能得到不同的发展，也符合《义务教育数学课程标准（2022 年版）》的要求。例如选择题、填空题中多数设置为基础知识、基本技能的考查项；解答题则侧重于对基础运算、逻辑推理等基本数学能力的考查。例如数与式（第 2、4、9、10、16 题等）、方程与不等式（第 6、7、15 题等）、函数及其图像（第 8、20、21、24 题）、三角形（第 3、7、18、20、22、23 题）、四边形（第 13、14、17、21 题）、生活情境应用（第 1、3、5、18、19、21 题）等内容在试卷中均占有一定比重。这些题目在考查"四基、四能"的同时，也较好地体现出对相应的基本思想、基本活动经验、基本能力和核心素养的考查。

（二）关注思维发展，注重数学思想方法与活动经验的考查

发展学生的思维能力是数学学科的重要任务，而思想方法是联结知识与能力素养的纽带。本试卷在考查"四基"、淡化解题技巧的同时，更加注重通性通法的考查、数学思想的渗透、数学活动经验的迁移。例如第 24 题蕴含的函数与方程思想、分类思想、数形结合思想；第 8、14、20、24 题蕴含的数形结合思想；第 18、19、21 题蕴含的方程思想、建模思想；第 8、11 题考查了分类讨论思想。此外待定系数法、平移、旋转、对称等图形变换都得到了有效考查。另外，部分试题的考查方式体现出一定的开放性，第 13、14 题则在学生体验图形变化过程的基础上，又考查了学生的活动经验。

（三）重视情境创设，注重文化内涵

试题新颖，内容丰富，体现了数学的应用价值。如第 1 题"对称图形"取材于我国优秀的传统文化；第 5 题"正方体"取材于学生的现实生活；第 18 题"解直角三角形的应用"取材于无人机应用；第 19 题"统计与概率"以跨学科主题学习为载体；第 21 题取材于学生熟悉的生活环境等，这些问题考查了模型思想、应用意识、创新意识等学科素养，引导学生关注社会生活、感受地方文化和数学文化、热爱生活，体现了数学来源于生活又服务于生活的理念，渗透数学的育人价值。再如第 2、4、5、9、10、15、16、21 题等，取材于教材，由课本的例题和习题经过适当类比、加工、组合、延伸改编而成。这些源于课本的题目使得学生对整套试卷有一种熟悉感，会使其产生积极的情感体验，有助于增强其学好数学的信心，同时也能较好地体现《义务教育课程方案和课程标准（2022 年版）》面向全体学生、以人为本的理念。

（四）重视问题探究，强化过程体验

本试卷重视对实践操作问题的考查，如操作、观察、猜测、想象、归纳、推理等，关注数学活动经验的迁移，突出考查学生探究能力与综合运用能力。如第 13、20 题结合直线平移与几何知识，需要学生依据题意，在图形变化的基础上进行推理和计算，解决坐标问题并进行推理；第 24 题从三角形的折叠入手，考查学生的空间观念、几何直观逻辑推理等素养。

（五）适度创新，循序渐进推进改革

试题创新主要体现在两个方面。第一，传统题型、传统内容在考查角度、方式上的创新。如第 8 题采取新定义的形式，把传统的函数问题进行拓展；第 19、20 题把统计和概率很好地结合在学生身边的情景问题中，等等。第二，积极创新题型。如第 14 题的动点问题，融入了勾股定理、矩形性质、圆的应用等；第 23 题则通过图形的变化考查了学生的空间想象力、几何推理能力、创新意识，以及发现问题、提出问题、分析并解决问题等学科能力与素养。

二、考后反思

学生的运算能力较差，如第 15、16 题基本知识竟容易出错。

不能灵活运用知识，运用数学知识解决实际问题的意识、能力较差。例如第 18 题是一道解直角三角形的应用题，学生从题目中提取信息的能力不强，也不能很好地解读数学语言；如第 21 题中，简单的文字表述竟成了难以理解的内容。

运用数学思想能力弱。特别是分类讨论思想和整体代入思想的能力较弱，能有效运用数学思想解题是衡量学生数学素养的重要标准，但目前体现出来的教学效果比较差，如第 8 题很多学生没有想到符合条件的结论有两个，出现漏解现象。

2022—2023 学年度学生学业水平及综合素质评价分析报告

根据上级要求，我在本年度对所任教的九年级 8、9 两个班级的学生全面实施了学业水平综合素质评价，取得了初步成效，但也出现了很多问题。现将学生的学业水平及综合素质评价做出以下分析报告。

一、学业水平分析

参加评价人数 98 人，最高分 120 分，最低分 34 分。

表 4-1 两个班级的成绩分布

统计范围	优秀率（108 分）	优良率（96 分）	及格率（72 分）
8、9 两个班	21.34%	35.01%	74.21%

本次评价所用的数学试卷满分 120 分，考试时间 120 分钟。共 3 道大题，24 道小题，分选择题和非选择题两部分，选择题满分 24 分，占 20%，非选择题满分 96 分，占 80%。在非选择题中，填空题 18 分，占 15%，解答与证明题共 10 题，共 78 分，占 65%。

试卷内容符合《义务教育课程方案和课程标准（2022 年版）》，面向全体学生，使不同层次的学生得到不同的发展。重视对基础知识、基本技能的考查，也较好地体现出对相应的基本思想、基本活动经验、基本能力和基本素养的考查。在淡化解题技巧的同时，更加注重对通性通法的考查、对数学思想的渗透、对数学活动经验的迁移。

学生答卷反映出的问题：运算能力较差，"用数学"的意识较差，运用数学思想特别是分类讨论思想和整体代入思想的能力薄弱，解读数学语言的能力较差，在文字语言、图形语言和符号语言的阅读、转换、互译、表述等过程中，出现了理解不准确、转化错误、表述不规范等问题，解题格式不规范，书面表达能力差，对新题型适应能力较差，思维未能发散。

通过分析，发现在关注学生的学法指导、基础知识的落实上，还存在着很大的提升空间，在以后的教学中应该注意：重视基础知识；掌握例题涵盖的知识及解题方法，多思考、多理解，熟悉掌握各种题型的解题思路，提高解题能力；用好纠错本，以错题为切入点，定期翻看，进行再训练；提高计算能力，保证计算结果的准确无误；进行限时练，增强时间意识。

二、综合素质评价分析

学校成立了学生综合素质评价领导小组，组建了学生、授课教师、学校三个评价小组，明确了各自的职责和任务。建立了公正公平的评价机制，按照评价方案，采取学生自评、同学互评、教师评价、学校审核等多维度的评价方式，通过过程性评价、档案袋评价、表现性评价等评价方法促进了形成性评价与终结性评价的有机结合。收集了学生大量的实证材料，建立了《学生成长记录袋》，全面记录学生初中学习阶段在德智体美劳等方面的原始资料。

实施综合素质评价后，学生的道德素质明显提高。学生进入校园后，平时的学习生活严格遵守学校纪律，增进了学生的自律性，帮助学生改正不良习惯。学生的交流与合作能力也得到了充分提高。新课改下的交流与合作使得学生都自觉投入小组、班级的活动中，学生在集体生活中会得到帮助、受到正向影响，自己不会的问题通过同学之间的交流讨论、合作，在一定程度上可以解决。在不断的交流展示中，提升了学生的自信与学习能力。

综合素质评价下的运动与健康维度，对学生的体育活动参与情况做出了明确评价，使学生重视身体健康，积极参加体育锻炼。

在对学生进行综合素质的评价中，也要看到一些现实情况。大环境仍受应试教育影响，不太重视学生的综合素质培养，导致综合素质评价在实际操作过程中容易流于形式。针对遇到的问题，我认为实施初中生综合素质评价改革，应该努力做到以下两个方面。

第一，要坚定信念。以学生为本，明确实施素质教育是教育改革的目标，是培养社会人才的需要，必须克服浮躁情绪和功利主义思想，脚踏实地，敢于实践，不怕失败。

第二，逐步把学习成绩作为综合素质评价的一部分。真正树立综合素质评价观念，将学习成绩作为综合素质评价的内容，使综合素质评价受到重视。

第二节　中考备考策略

中考数学备考注意事项

一、注重基础知识、基本技能巩固

在复习中，一定要落实基础知识和基本技能的巩固，让学生知其然知其所以然。还要适当训练学生的心理状态，不要一见到基础题就"放松警惕"，大意导致失分。

二、注重知识的内在联系

在重视整体性的同时，也要丰富学生解决问题的策略和方法，有计划地对知识点进行整合，使学生明确知识点之间的联系，促进其举一反三，学会迁移知识。

三、注重思维创新，提高发散思维

从不同角度、不同方面，用不同的方法来思考问题，培养学生的发散思维能力和创造性思维，不搞生搬硬套，用多种思路去考虑问题，防止形成思维定式。

四、注重综合运用能力的培养

数学来源于生活，同时也必将应用于生活，学数学就是为了解决生活中所碰到的实际问题，近几年的中考题相当注重运用数学知识解决实际问题的考查，考查层次非常丰富。

如果是代数问题的综合应用，一般是以等量关系、不等关系为主线，通过设元表示其他相关联的量，运用等量关系构建方程，或者运用不等式关系建立不等式。在实际应用的问题中，要注意确定的未知数的取值范围符合实际。

如果是几何知识的综合，往往要通过关键点和辅助线对图形进行分割、补形，运用图形的全等、相似及特殊图形的性质构造图形和等量关系，进行计算或者进行探究与证明等。

如果是几代综合题，一般是以几何图形中的数量关系构造特殊图形。以直角三角形、等腰三角形、特殊四边形以及图形的变换（平移、翻折、旋转、位似）为基础，利用特殊关系构造比例式、方程、函数关系式，利用数形结合的思想，对问题进行分类讨论、归纳和总结。

五、注重实践与操作能力

注重对学生探索性思维能力和创新思维能力的考查。如图案设计、图形变换、折纸、拼图、测量、点线运动等，面对数学问题，学生必须亲自探索。

初三数学中考第一轮复习策略和建议

初三毕业班总复习一般分成三轮复习，如何提高总复习的质量和效率，是每位毕业班数学老师必须面对的问题。下面我谈谈对第一轮复习的体会、认识及一些具体做法。

一、第一轮复习：全面复习基础知识，加强基本技能训练

这个阶段的复习目的是让学生全面掌握初中数学基础知识，提高基本技能，要做到对知识的认知全面、扎实、系统，形成知识网络，就要做到如下

三点。

（一）重视教材，系统复习

以教材为主，把教材中的内容进行归纳整理，让学生搞清教材上的每一个概念、公式、法则、性质、公理、定理。在这样的基础知识梳理中，可以以填空的形式呈现在学案上或者课件上。

（二）夯实基础，学会思考

在中考试题中，基础分值占得最多。因此，初三数学复习教学中，必须夯实基础，让学生在应用基础知识时，能做到熟练、正确和迅速。

教师能教的，是思考问题的方法和策略，然后让学生在解决具体问题的过程中，学会高效准确的思考方式。

（三）强调通法，淡化技巧

中考数学命题除了着重考查基础知识外，还十分重视对数学方法的考查，如待定系数法、求交点、配方法、换元法等。在通性通法问题上还需引起教师的注意，例如求不等式组的解集，关键在于应用数轴，再如求函数经过平移后的解析式，关键在于从顶点坐标的平移入手进行解释等。

二、第一轮复习时的几点误区

（一）复习无计划、效率低

体现在重点不准、详略不当，对大纲和教材的上下限把握不准。

（二）复习不扎实、漏洞多

体现在难题得分低，又扔掉了大块的基础知识；复习速度过快，学生心中无底；要求过松，对学生有要求无落实，大量的复习资料，只布置不批改。

（三）解题不少，能力不高

体现在以题论题，满足于解题后对一下答案，忽视对解题规律的总结；题目没有背后的知识体系支撑，没有循序渐进；题目重复过多，造成时间精力浪费。

三、第一轮复习中的几点建议

复习时，除了"快步走"，还要"多回头"，多注意循环训练，每周至少用一节课来进行小测验。训练时应该注意不是反复僵硬地做题，而是注意收集前期复习中学生容易出现的一些错题，而且每一次训练都要作为测试，这样既练心态又练准确性和速度。

要发挥学生主体作用，除了教会学生掌握复习策略以外，还要激励学生，让学生稳住心态。

重视复习典型例题。教材上的典型例题代表着基础知识和重点知识，还可以作为变式训练的核心知识。

不能让学生过早地做综合练习题及中考模拟题，选题的难度要适当，重在让学生灵活运用分析解决问题的思维方法。

复习的关键除了课堂教学外，还要注意与其他数学老师集体备课，每周应该安排至少一次集体备课，共同探讨课堂效率问题。

习题解题课要突出重点，详略得当。对学生完成较好的题目可以略讲，对练习中出现的错误较多的题目，应重点巩固，尽量避免学生今后再犯同样的错误。

第三节　科学应对中考

中考压轴题研究

中考数学压轴题的核心是数形结合，数形结合的核心是函数，函数的核心是运动变化，要在图形运动变化的过程中体验、把握、认知压轴题的精髓。压轴题主要分为以下四种类型。

第一种类型是函数图像中点的存在性问题，主要特征是先求函数的解析式，然后在函数图像上探求符合条件的点。有的是直接写出结果，不用说明理由，有的是需要说明理由。

第二种类型是图形运动中的函数关系问题，主要特征是在图形运动变化的过程中探求两个变量之间的函数关系，并求函数的定义域，进而探求符合条件的特殊性，探求符合条件的特殊性通常和分类讨论思想紧密联系。

第三种类型是图形运动中的计算说理问题，主要特征是研究图形的位置变化，位置变化后某个结论是否还成立，进而进行证明。解题关键是抓住图形运动过程中的数据特征和不变关系，通过计算回答问题。

第四种类型是图形的平移、翻折与旋转，一个主要特征是在图形的运动变化中寻找不变的量，把握规律，探求关系；另一个主要特征是把图形的对称性与分类讨论思想结合在一起，也就是平常所说的一题多解。

中考考场技能

会审题。注意力要集中，做到眼到、心到、手到。审题时，应弄清已知条件、所求结论，思考它们之间的关系，同时在短时间内运用有关概念、公式、定理，用分析法、两头凑等方法，探索解题途径。特别注意已知条件所设的陷阱、隐含的条件，仔细审题，认真分析是否该分类讨论，有时甚至可以"钻牛角尖"。

会"写"题。卷面书写既要速度快，又要整洁，按照电脑阅卷要求，填涂答题卡要准确，答卷字迹工整，答题步骤明确且完整。草稿纸书写要有序，写上题号，便于回头检查。

在答题顺序上，要遵循由前到后、由易到难的原则。遇到暂时不会的题，可以先跳过，继续做后面的题，避免浪费时间。但要注意不能随机选题做，否则容易漏题，思维也会变混乱。

把握分段得分技巧。分段得分主要是针对大题而言，大题有多个小问题，一般第一题较简单，容易得分。如果拿不到大题的全分，只拿一部分也是一种策略。

养成复查的习惯，复查体现在两个方面：

第一，题目的复查。注意复查是否理解题目、是否注意到隐含条件等。

第二，解答过程的复查。如果有充足的时间，要检查解答过程，或者换一种解题思路进行复查。

第四节　中考总结反思

风正好扬帆　志高促长远　劲足图发展
——人民路中学 2018 中考总结

2018 年是学校度过的极不平凡的一年，在党的十九大精神和全国教育大会精神的指引下，我校教学成果取得了巨大成就，尤其是教师发展、课程建设、学生发展方面，涌现了一批先进典型、先进经验和示范榜样。在 2018 年的中考中，朱令臣校长带领全校教职工上下一心，攻坚克难，群策群力，发扬创新改革精神，贯彻好以人为本的理念，取得了巨大成绩。这成绩属于全体人中人，属于一直奋斗着的 2018 届全体师生。在这一年中，人中取得的成绩主要有以下五点。

一、以"诚德育人　中兴天下"办学理念为指引，高举"优质高效轻负担"旗帜，确保优良的备考环境与氛围

理念就是力量之源，旗帜是坚定的方向，"阳光教育"是我校坚决贯彻教育规律和教育要求的时代回答，"不唯中考　赢得中考"的中考理念是全体人中人高屋建瓴的时代追求，是扎实开展教育教学活动的出发点和落脚点。

（一）学校领导班子大力支持中考各项工作

要求将中考工作作为重中之重，要为初三营造清静无纷扰、轻装上阵无顾虑的氛围，要让中考各科老师安心乐教，要从后勤保障上做好全力支持。火车跑得快，全靠车头带，全体老师心情更顺畅了，干劲更足了，信心更满了，这为全年中考各项工作的顺利开展提供了前提条件和基础保证。

面对中考政策的局部变化与学生实际情况，学校领导多次做出重要研判，为初三工作把握方向。面对自主招生的变化，果断改变应对策略，把重心放在全体学生上；面对考试难度变化，坚决要求抓好基础，处理好细节，向基

础要成绩，向规范要成绩。

（二）在工作中牢记我校先进的教学理念

全体教师在学校教育理念的带领下，脚踏实地落实好每一节课的教学任务，兢兢业业批阅好每一份作业与试卷，循循善诱做好每一位学生的思想工作，运用高超的教学艺术让学生会学、乐学，利用自己高尚的人格魅力影响、带动学生，让教师自己扎进题海，让学生脱离"题海"，用自己百倍付出与汗水换取学生学精、学透、学实，这是全体老师理念与信念的凝聚，是人中人最响亮、最职业的"中考答卷"。有多位老师克服生活中的困难，坚持上课，他们是学校的优秀代表，代表了人中人不服输、不懈怠、不平凡的奋斗精神与优秀传统。

二、凝心聚力，科学决策，精准施策，确保中考各项工作分阶段、有重点、保亮点

在学校领导的大力支持下，教学团队紧紧围绕中考各项工作，理顺各科课程安排；紧紧依靠各科老师，聚焦一线需求；紧紧抓住中考工作的规律，科学决策，民主决策，精准施策。

（一）统一思想，统一目标，统一要求

提出切合实际、奋斗可达的各项工作目标，明确中考各项工作的原则和要求，要求教师们用科学精神、奋斗精神、团队精神、奉献精神严肃对待中考工作，兢兢业业对待学生的每一次提问，耐心、细致地与家长做好每一次沟通，确保中考工作沿着正确的道路一步一步扎实推进。

（二）广开言路，集思广益

教学团队深入中考各科目备课组，交流学校工作计划，特别是初三工作思路，了解学科工作思路，讨论一些措施的可行性，消除教师的后顾之忧，让教师顺心、舒心、齐心做好日常工作。

（三）逐步推进、重点突出、层层突破

在期中、期末考试后的成绩分析会上，学校领导出席并提出具体要求，为阶段工作指出明确方向。教学团队创新思路，做好数据分析，为各学科、各班级、各层次具体对策提供数据支持，不唯分数，不搞排名，重在找准问题关键点、努力发力点。同时针对中考各阶段的不同重点，与集备组长一道，与各科老师一起，制定切合学生实际需求的因材施教、分层指导的具体措施，促进各层次学生都有发展，始终做到"中考，一个都不能少"。

三、高扬人本情怀，突出学生主体地位，确保全体学生有发展、有未来、有担当

面对学生进入备考状态后，学习方法的转变导致的心态问题或精神波动，教师要注重疏解学生压力、正面引导、鼓舞信念。同时，理性分析学生的发展趋势、发展特点，提供个性化指导。

本着"主体是学生，主导是教师"的原则，召开学生动员会、学习方法指导讲座等，发扬学生的积极性、主动性，让学生学会主动学习、主动发展。分别由各科集备组长、优秀学生进行学习方法指导与交流，发挥好了师生合力，起到了事半功倍的效果。

以班主任为联席召集人，分阶段召开班主任与任课教师联席会议，讨论本班各层次学生的指导策略，以学生个性化的需求为导向，具体到人，结对帮扶，进行导师式辅导，大幅提升了针对性和指导效果，确保学生真补差、补真差。

盘活集备组力量，充分利用自习时间，进行大分层、大指导，按照个体差异与群体需求，对不同层次的学生进行更加有针对性的辅导，提供更加切合学生实际的教学资源，使不同层次的学生都能得到快速提高，从而形成一种活泼、动态的竞争局面。

利用家长会、家校活动等时机，教学团队充分与家长进行直接沟通，使学校与家长形成合力，共同服务于学生。首先，向家长宣讲好中考政策，特别是中考考试变化、录取政策等，做好志愿学校选择的指导。其次，针对初三各阶段的任务和变化，有针对性地提出指导意见。最后，对家长密切关注的如何应对学生心理变化等问题进行专门培训，从细节上做好家校沟通，确保学生心情舒畅、排解压力。在对待学生成绩变化上，教会家长客观、全面地看待，要多鼓励学生，增强其抗挫折能力，并找到变化原因，具体分析问题，最终使问题得到解决。

四、强化规矩，尊重规律，做好中考备考的系统工程

中考是系统工程，要树立规矩意识，发扬传统优势。我校的优势之一就是"集备"，扎扎实实做好每一节课、每一个知识点的集备，是实现全体学生共同发展的前提和保证，也是我校实现多年优质发展的保证。

将初三各节点精细化，明确时间、任务与重点，充分利用动员会、分析会等时机，布置好各节点任务，并确保任务落实到位。通过节点管控，掌握好中考节奏，重点抓好开学初、阶段性考试、学期末、假期、自主招生、志愿选择等节点，确保学生稳定大局。

做好学生梯次推进、阶段展开，避免眉毛胡子一把抓，避免吃大锅饭、夹生饭。首先，将整个学年分成各阶段，明确各阶段的课时内容，以及在中考版块中的地位；其次，针对各阶段特点，明确阶段要求，确定各阶段考试重点；最后，明确各层次学生在各阶段的能力培养要求，循序渐进地培养学生分析问题、解决问题的能力和遇到新问题的应变能力，通过组织不同形式的分层指导，让全体学生受益。

强化团队意识与集体力量，让各科齐头并进，做好衔接。教学管理团队要在宏观上把握好整体局面，微观上做好沟通协调工作。

五、全校一盘棋，使措施到位、落实到位、服务到位，全力保障中考工作

学校领导在日常工作中，身体力行，每天巡视初三各班，深入课堂听课，倾听一线教师的意见和建议，做到"决策有依据、决策有力度、决策有速度"，确保"一切让步中考、人人看齐中考、事事服务中考"的大局稳定。

学管处配合班主任，加强对学生的纪律管理、加强对重点学生的关注与教育，做好学生的心理辅导，沟通好家校双方。体育组老师上好每一节体育课，督促学生锻炼好身体，不仅确保体育中考顺利，更是为打好体力基础，为拼搏奋斗做好体力准备。

2018 年的中考辉煌，是学校发展历史上浓墨重彩的一笔，教学团队将与老师们一起做好总结、反思，继续努力奋斗，继续创造辉煌业绩，让每位学生都走好人生的第一个十字路口。

第五章 教育引领篇

　　教育经验是教师专业发展的动力源泉，是在实践中创造和积累的大量宝贵经验。交流分享教育经验，对丰富和发展教育科学理论、提高教学管理水平有积极推动作用，对年轻的教育实践者也有一定的指导作用。

　　教研引导方向，反思促进成长，创新始于足下。教学文化的灵魂是在"研"中潜思，在"行"中创新。20 年的教研和一线课堂实践经验，使我提出了"高效课堂"的目标，抓住"课堂教学是课程改革实验的核心"这一关键要素，进行系统、精细的探索。同时从专业引领、同伴互助、城乡共建、信息融合四个方面带动本校教师和乡村学校的专业成长。教研呈现出"映日荷花别样红"的景象，丰富了我校教研文化的内涵，我校也成了区域引领的典范。

第一节 课堂改革

高效课堂教学模式探索
——"1+1"师徒互助教学策略

古人云：学如逆水行舟，不进则退。学校的发展亦是如此。如果维持原来的工作套路，显然不行，只有创新才是一所学校不断前进的不竭动力。课堂改革就是让学校教师永葆活力，不断发展的最有效方法，也是势在必行之路。任何一种形式的改革，都伴随着艰辛、成长、收获，要敢于创新、敢于面对，从失败中吸取教训，始终坚持正确的改革方向。

一、课堂教学改革探索之路

我校朱令臣校长，心怀教育梦想，有前瞻性眼光，善于改革创新，勇于挑战课堂改革。2018 年 5 月，我校开始引进并践行青岛市即墨区第二十八中学"和谐互助"教学策略，可谓一次较大的课堂改革。在召开全体教师会时，全体教师明确概念，高度认可了其务实性、合理性、可操作性，校长强调此模式符合新课改精神，突出以学生为主体，是充分发展学生能力的一种简洁高效并且被教育部高度认可、向全国推行的一种经久不衰的教学模式。此策略不但易学，而且高效，有这样的教学策略让我们直接学习，可以在较短的时间里提升教学水平，然后再根据本校实际情况逐步完善。

一月之内，我校先后进行了教师培训、汇报课、课堂普查，老师们也深刻认识到"和谐互助"教学策略的益处。此策略不仅有利于学生的成长、教师的专业发展，还是学校发展的不竭动力。当我接下课堂改革负责人的任务时，虽是诚惶诚恐，但心中有一股不服输的劲，相信能带领其他老师充满勇气和决心突破自己，把握好这样一个让自己快速成长的机会。即使有的老师可能一时还不理解或难以接受这样的改革，但我们一定能做出成绩，激发起他们改革的勇气与激情，唤醒他们内心忽视的潜能。

二、高效课堂小组建设——"1+1"师徒互助教学策略

在学习"和谐互助"教学策略的基础上，我校制定"1+1"师徒互助教学策略。"1+1"就是以同桌两人为一个小组，学习优秀的做师父，学习较弱的做徒弟，课堂上通过学生帮学生、学生教学生的形式，实现师徒互助共赢。这样的两人小组互助学习大大增加了学生表达、交流、思维碰撞、展示锻炼的机会，提高了学生多方面的能力。同时根据实际情况，又有即兴灵活的四人到八人的临时小组，这样可以实现学生之间更加广泛的交流，顾及不同层次的学生，不仅让学习较困难的学生得到帮助，也让优生有了广阔的上升空间。

"1+1"师徒互助教学策略让学生教学生、学生检查学生、学生影响学生、学生引导学生，颠覆了原有课堂教学中以教师教学为主的方式，这种策略让每个学生的有效学习时间大大提高，也保证了课堂教学的效率。

三、课堂评价——师徒互助教学策略的评价

评价是和谐互助的课堂教学中不可缺少的环节，有效的评价能增进师生的情感，激发学生学习的主动性，让课堂充满生机和快乐。其中，课后评价是课堂评价的有益延伸和补充，是持续激发学生学习积极性的有效方法。我们的目标是发现和发展师徒组合各方面的潜能，尊重个性，鼓励创造，要了解学生在发展中的需求，帮助他们建立自信。要做好评价，就需要教师用更多的心思去研究运用评价的技巧。

好的评价体现了教师的专业素质和文化底蕴，要使评价方式更有实效，更受学生欢迎，就需要不断地学习和思考。力求让评价做到准确得体，机智巧妙，独特创新，如此一来，课堂也会更加高效。

第二节 专业研读

"学—行—研—读" 促进教师专业发展
——2020—2021 上学期教科室工作总结

随着教育改革的逐步深入，越来越多的人认识到，教育创新必须与教师发展同步。教师专业化成长（特别是青年教师的专业成长）成为当代教育改革的主题之一。人民路中学张庆标校长特别注重教师专业发展，让我负责教科室工作，我将教科室的教师发展终极目标定为理论会运用、经验会总结、听课会评议、方法会选择、专题会研究，进而使教师的师德素养、理论水平、专业知识、教学能力、管理水平得到提高。

一、校本培训的跟进

教师都有职业梦想和发展需求，需要持续学习，逐渐向"名师"进发。名师其实离我们很近，主要由自我提升的内驱力造就，成为名师是一个厚积薄发、由量变到质变的过程。教师的专业发展离不开培训，特别是校本培训能更快速地促进教师的成长。

（一）继续教育

1. 暑期网络研修

暑期网络研修包括在线课程学习、网络研讨会、在线互动讨论等形式。这些研修内容涵盖最新的教育理念、教学方法、教育技术工具的应用，以及学科前沿知识等。通过暑期网络研修，教师可

图 5-1 暑期网络研修现场

以利用暑假时间进行系统的学习和提升，为新学期的教学工作做好充分准备。

2. 学分制继续教育

学分制继续教育要求教师在一定时间内完成一定的学分要求，包括参加各种培训课程、研讨会、讲座等，是中小学教师资格定期注册、职务（职称）评聘及年度考核的重要依据。这些培训内容涵盖教育政策、教育心理学、课程与教学设计、教学评价等方面。通过学分制继续教育，教师可以不断更新知识结构，提高教育教学水平。

（二）青年教师培训

1. 明确培训目标

针对青年教师，提出以下培训目标：提升教学技能、增强教育理论知识、培养职业道德素养，帮助他们更好地融入学校的教学环境等。

2. 制订培训计划

基于培训目标，学校需要制订详细的培训计划。这个计划应该包括培训内容、培训方式、培训时间以及培训效果评估等方面。培训内容应该涵盖教育教学理论、教学方法、班级管理、心理辅导等多个方面；培训方式可以采用线上学习、集中授课、实践观摩等多种形式；培训时间应该合理安排，确保青年教师有足够的时间来学习和实践；培训效果评估则可以通过考试、问卷调查、教学观摩等方式进行。

3. 实施培训计划

组织专题讲座：邀请资深教师或专家为青年教师进行专题讲座，传授教育教学理论和经验。

开展教学观摩：组织青年教师观摩优秀教师的教学过程，学习他们的教学方法和技巧。

实施导师制：为每位青年教师安排一位经验丰富的导师，进行"一对一"的指导和帮助。

图 5-2　青年教师培训会议

提供实践机会：鼓励青年教师参与学校的教学改革和课题研究，为他们提供实践机会和平台。

4. 加强师德教育

青年教师培训不仅要注重教学技能的提升，还要加强师德教育。学校可以通过组织师德讲座、开展师德讨论、制定师德规范等方式，引导青年教师树立正确的教育观念和价值观，培养良好的职业道德素养。

5. 持续跟进与评估

在培训过程中，学校需要持续跟进青年教师的学习情况，及时给予指导和帮助。同时，学校还需要对培训效果进行评估，了解培训活动的实际效果和存在的问题，以便及时调整和改进培训计划。通过持续跟进与评估，可以确保青年教师培训取得实效，为学校的教育事业发展提供有力支持。

（三）课题研究

1. 微课题研究培训

微课题研究培训旨在帮助教师掌握微课题研究的基本方法、技巧和步骤，提升教师的科研能力和实践水平。通过培训，使教师能够独立完成微课题的选题、设计、实施、分析和总结等环节，为教育教学实践提供有力支持。

图 5-3　各类课题研究培训现场

2020 年 12 月 4 日，逢县课题申报之际，我对全体教师进行了微课题的选题、题目表述、方案设计、研究方法、具体步骤等方面的指导，用正反事例作出说明。激发教师善于思考、总结、创新，开展课题研究的热情，为他们顺利申报县级课题做好了理论铺垫。

2. 省、市级立项课题开题报告研讨会

根据上级教育科研部门的要求，各学校课题负责人要组织本学校各级立项课题的教师在 10 月底前进行开题报告，并将活动照片记录上传教研室，以确保开题报告研讨会的顺利进行。

我校有以张校长为课题主持人的省级课题立项并开题，及刘峰松、高春华、石永秋、张娟、吴爱英、刘福云等老师的 8 项市级课题立项并开题，这是历来都没有的佳绩，之前每年全县市级课题立项不足 8 项。这也是教育主管部门及我校重视课题研究，着力促进教师科研发展的体现。

图 5-4　开题报告研讨会

3. 县级课题评选

我校教师已掀起了课题研究的热潮，有 20 余名教师积极申报了县级课题。由于名额限制，12 月 8 日，教科室组织具有科研能力并结题过的 7 位老师做评审组员，对本次县课题申报人员进行初选，张庚启主任、马少影、刘杰、李安敏、刘筱娟等多名教师入围了县级课题申报之列。其余人员也入选为校级课题一二三等奖，成为下次课题初选优先考虑的对象。同时本年度有一项杨秋艳主任的市级课题结题，李福英、尹勇、王广玉老师的三项县级课题结题。可以说 2020 年是我校教师课题研究收获丰硕的一年。

4. 市级课题征集线上培训

为做好 2021 年市级教育教学研究课题的申报工作，提升我校课题研究人员选题论证能力，激发教师教育科研热情，发挥教育科研的引领和支撑作用，2 月 2 日晚上，教科室举办了菏泽市教育教学研究课题申报线上培训活动，教科室负责人刘峰松主讲，全校 60 余名教师参加了本次线上培训活动。

本次活动针对"课题申报表如何填写"做了专题讲座。从核心概念界定、文献综述、选题背景与价值等 11 个环节解读了课题申报表填写的步骤与要点。讲座以问题为主线，着重解决选题方向、题目表述技巧、研究的技术路线、研究的方法步骤、可行性分析、成果形式等问题，为我校教师申报市级教育教学研究课题指明了方向。

图 5-5　直播专题讲座

二、专业技能的提升

（一）指导优课评选，规范遴选原则

根据单县 2020 年《优课评选操作办法》《优课评选标准》及给定的名额要求，规范、公平、公正地打分，在规定时间内，圆满完成了此次评课任务。

教科室组织各学科组长认真从 36 名参选教师中择优评选出 9 名优秀作品推送至市级，这 9 名教师的"一师一优课"全部被推为市级优课，受到师训科的高度评价。一是说明这些教师具有较高水平的课堂教学能力，二是教师上传的材料规范有条理，同时再次验证了我校教师的实力。

图 5-6 与教育科技研究院的交流会议

（二）启动"青蓝工程"，一帮一带一学

"青蓝工程"是我校加快青年教师专业成长的一个重要途径，也是学校的优良传统。为渴望成为优秀教师的青年教师找到师父，也为乐于帮教、经验丰富的教师找到徒弟。是名师与新秀的携手，是经验与关爱的传递，是收获与激情的融合，是成熟与积累的再生，也是人生路上的一次美丽的遇见。

我宣读了《师徒结对细则》，明确了师父和徒弟的职责，并说明"青蓝工程"的捆绑式评价办法，师徒双方现场签订协议书、颁发师父聘书。

通过本次启动仪式，凝聚了师徒双方一体化的思想，同时深化了人民路中学全体教师专业发

图 5-7 "青蓝工程"启动仪式合影

展的意识，强化了参会老师终身学习的观念，增强了教科研行动的力量。

（三）落实听课反思，求真务实固本

北师大教授林崇德提出：教师成长＝教育过程＋反思。我校要求教师对教学内容和教学行为进行积极反思，开展反思性教学。通过举行教学反思、听评课反思等评比活动，更好地加快青年教师的专业成长。

本学期，创新了听评课反思的书写要求，观课维度多维，感悟内容真实，让教师学人所长，补己之短。

图 5-8　教师听评课反思材料

（四）撰写教学随笔

教师撰写教学随笔是一项重要的教育实践活动，它对于教师的个人成长、教学质量的提升以及教育研究的深化都具有重要的意义。正如山东教育社总编辑陶继新老师所说：读写，教师生命成长之双翼。

撰写教学随笔可以促进教师的反思与自我提升，积累教学经验，促进教育交流与合作，推动教育研究的深入，提高教育写作能力，增进对学生的理解和关爱，促进教育创新与发展。我们每月一次的听评课反思、读书笔记、教学随笔、微课题研究等，都是在不断丰富知识，提升业务水平。

三、书香校园的建设

（一）引导教师阅读，提升专业素养

为打造书香校园、促进教师阅读、提高人文素养和专业能力，学校每学期都会为每位老师赠书，并定期召开教师读书分享会。本学期召开了暑期全体教师读书分享会、语文组教师读书沙龙、青年教师读书分享会。

1. 同谈共读

2020年8月28日，教师"同谈共读"暑假活动开展，全体教职工齐聚大会议室开展本次读书分享活动。大家共同阅读教育经典，分享阅读心得，不仅拓宽了知识视野，也深化了对教育教学的理解。

活动中，青年教师们积极发言，畅谈读书体会，通过思想的碰撞与交流，激发了对教育工作的新思考。大家纷纷表示，这次活动不仅增强了团队凝聚力，也促进了个人专业成长。

未来，我们将继续开展此类活动，鼓励青年教师多读书、读好书，不断提升自己的教育素养和教学能力。相信在大家的共同努力下，我们的教育事业将会更加繁荣昌盛。

图5-9　教师读书心得分享

2. 读书沙龙

2020年12月21日下午，我校语文组的读书沙龙活动在综合楼一楼教室阅览室顺利举行。教师们在忙碌的教学之余，共同沉浸在书海中，汲取知识的养分。通过读书交流，教师们不仅拓宽了文学视野，也加深了对语文教学的理解。

在活动中，教师们纷纷分享了自己的读书心得，探讨了文学作品中的教育意义，以及如何将阅读体验融入日常教学中。这种深入的交流和探讨，不仅提升了教师的专业素养，也增强了团队的凝聚力和合作精神。

此次读书活动不仅是一次知识的盛宴，更是一次心灵的洗礼。相信在未来的教学工作中，教师们将带着这些感悟和收获，更加自信地面对挑战，不断提高自己的教学水平，为培养更多优秀的人才贡献力量。

图 5-10　教研组长朱丽杰老师主持读书沙龙活动

3. 青年教师读书分享

继语文组读书沙龙活动后，教科室又举办了一场别开生面的"扬师德、促阅读、助成长"青年教师读书分享会。

本次分享会形式新颖，内容丰富。通过小程序随机抽取了 8 名青年教师分享《优秀教师的自我修炼》读书心得。这 8 名教师从理论到实践，结合自己的成长历程、联系自己的实际工作，全面分享了所感所悟，热情洋溢地探讨了书中的教育智慧，分享了各自的教学启示。

这不仅是一次知识的交流，更是心灵的碰撞。通过分享，我们更深刻地认识到阅读对教师成长的重要性。未来，我们将继续坚持阅读，不断汲取知识，提升自我，为教育事业贡献更多力量。

图 5-11　"扬师德、促阅读、助成长"读书分享会

（二）激励学生阅读，成就未来人生

阅读是获取知识的有效途径。学生通过阅读，可以接触到各种各样的信息和知识，从而丰富自己的知识储备；可以学习到丰富的词汇、语法和表达方式，提升自己的写作和口语能力；可以学会如何获取信息、筛选信息、整合信息，并应用于实际问题中，这些能力对于未来的学习和工作至关重要。因此，教师应该积极引导学生热爱阅读，培养他们的阅读习惯和兴趣。

教师自身要成为阅读的榜样，经常与学生分享自己的阅读经历和体验，让学生看到教师也在不断地学习和成长。

鼓励学生做读书笔记，记录自己在阅读过程中的思考和感悟，这有助于学生深入理解书籍内容，也可以培养学生的写作能力和批判性思维。

通过定期检查和评估，鼓励学生完成阅读任务，培养他们的自律性和责任感。

这些鼓励学生阅读的措施，在我校有序实施着。

四、总结过去，展望将来

（一）明确教师发展方向

1. 明确教育目标

教育目标可以包括提高学生的学业成绩、培养学生的综合素质、促进学生的全面发展等。明确教育目标有助于教师制定有针对性的发展计划。

2. 评估自身能力

教师应对自己的教学能力、专业素养、科研能力等方面进行客观评估，了解自己的优势和不足。这有助于教师明确自己在哪些方面需要提升，从而制订个性化的发展计划。

3. 关注教育改革趋势

教育改革是教师发展的重要推动力。教师应关注当前教育改革的趋势和热点，了解新的教育理念、教学方法和评价标准等。这有助于教师把握教育发展的方向，及时调整自己的发展计划。

4. 制订发展计划

发展计划应包括短期目标和长期目标，以及实现这些目标所需的措施和时间安排。发展计划应具有可行性和可评估性，以便于教师在实践过程中进行调整和优化。

5. 持续学习和反思

教师发展是一个持续的过程。教师应保持持续学习的态度，不断更新自己的知识和技能。同时，教师还应进行反思和总结，及时发现自己的问题和不足，并采取措施加以改进。

6. 寻求外部支持

教师可以通过参加教育培训、学术交流等活动，与其他教师和教育专家进行交流和合作，共同推动教师发展。此外，教师还可以寻求学校的支持和帮助，争取更多的发展机会和资源。

（二）推进书香校园的建设

在已有教师读书分享会的基础上，为持续推进书香校园建设，学校还应该考虑推进以下四方面的工作。

1. 图书资源建设

加强校园图书馆的建设，定期更新和增加图书资源，确保学生有充足的阅读材料。同时，可以建立班级图书角，鼓励学生捐献自己的书籍，实现资源共享。

2. 阅读氛围营造

在校园内营造浓厚的阅读氛围，如设置阅读角、悬挂阅读标语、举办阅读节等。这些活动可以让学生时刻感受到阅读的魅力，从而更加热爱阅读。

3. 家校合作

鼓励家长参与到书香校园的建设中来，通过亲子阅读、家庭书房等方式，培养学生的阅读兴趣。同时，可以定期向家长推荐适合学生阅读的书籍，让家长成为学生阅读的重要支持者。

4. 社会资源整合

与社区、图书馆等社会资源合作，为学生提供更丰富的阅读资源和阅读机会。同时，可以邀请作家、学者等进校园与学生进行面对面交流，激发学生的阅读兴趣和创作热情。

（三）反思改进工作的方法

作为学校领导，反思并改进工作对于持续提高教育质量、推动学校发展至关重要。

1. 明确反思目标

确定反思的具体领域，如教学管理、师资培养、学生发展等，确保改进措施与学校发展战略相一致。

2. 收集反馈信息

定期收集教师、学生、家长和社区对学校工作的意见和建议。通过问卷调查、座谈会、个别访谈等多种方式，全面了解学校工作的现状和问题。

3. 实施改进措施

加强组织领导和沟通协调，确保改进措施得到全体师生的支持。监督实施过程，及时发现问题并进行调整。鼓励师生积极参与改进工作，共同推动学校发展。

第三节　城乡共建

各美其美　美美与共[①]
——城乡共建教育教学工作总结

一、城乡共建，校长共研

2018 年 3 月 8 日，新学期伊始，人民路中学、徐寨中学、黄堆中学、张集中学、谢集中学、李新庄中学的校长们在人民路中学小会议室召开了"城乡共建，校长共研"活动计划研讨会，共研新学期学校发展蓝图。六校资源共享，共同提高。

本次会议，我从四个层面设计出本学期的城乡共建活动计划：校长层面的"学校文化建设"校长论坛活动、课堂层面的"同课异构"晒课活动、教师层面的"与书为伴，促自身发展"读书演讲比赛、班主任层面的"家校合育"研讨活动。

刘秀凌校长为此活动的顶层设计师，该设计极具前瞻性、建设性、实践性、实用性，受到教研室负责领导及兄弟学校校长们的高度赞同。

二、"学校文化建设"校长论坛活动

与其他学校共享资源时，学校文化建设的工作显得尤为重要。这不仅关乎资源的有效利用，更涉及学校间文化的交流、融合与创新。本次校长论坛活动主要从以下四方面推进学校文化建设。

（一）明确学校文化特色与核心价值观

本校的文化特色与核心价值观包括办学理念、教育目标、校风校训等，

---

①本文系 2018 年"全县城乡共建教育教学工作推进会"上的典型发言。

它们构成了学校文化的核心。明确这些特色和价值观，有助于我们在共享资源的过程中保持自身的独特性和连续性。

（二）建立文化交流的机制与平台

可以定期组织校际文化交流活动，如教育研讨会、师生互访、艺术节等，为师生提供互相学习、交流的机会。同时，可以建立线上交流平台，如共享教育资源网站、社交媒体群组等，方便学校间随时随地进行文化交流。

（三）共同开发课程资源与教学方法

可以与其他学校共同开发课程资源与教学方法。通过共同研究、探讨和实践，我们可以汲取各校的教学经验，形成具有共同特色的教学方法和课程体系。这不仅可以提高教育质量，还有助于培养具有创新精神和实践能力的学生。

（四）注重文化融合与创新

各校的文化背景、历史传统和发展阶段各不相同，因此在文化交流与合作中难免会出现差异和碰撞。我们需要以开放的心态和包容的精神，尊重各校的文化特色和价值观，同时积极寻求文化融合与创新的可能性。通过借鉴其他学校的优秀经验和实践成果，我们可以不断丰富和发展本校的文化内涵和特色。

三、"同课异构"晒课活动

"同课异构"是指同一课程、同一教学内容，由于教师的教学风格、习惯、授课环境条件等的不同所导致的课堂进程、结构、师生活动空间、授课方式及其效果等方面存在差异的课堂模式。

六校的晒课活动圆满开展，各授课教师运用探究式学习、合作学习、项目式学习等方式，激发了学生的学习兴趣和主动性，还借助了多媒体、网络等现代信息技术手段，提升教学效果和互动体验。

晒课活动结束后，在课后的分享会中，各授课教师及时进行了教学反思和总结，回顾了教学过程中的亮点和不足，思考了如何改进教学方法和手段，提升教学效果。

该活动和会议促进了教师之间的交流和合作，有助于教师不断提高自己的教学水平和专业素养。

四、"与书为伴，促自身发展"读书演讲比赛

本次读书演讲比赛旨在促进各校教师之间的文化交流，提升教师的阅读素养和表达能力，同时也为教师们提供一个展示自我、互相学习的平台。

六校的数十名教师踊跃展示自己，每位参赛者都围绕读书这一主题，结合自己的教学经验和读书体会，进行了深入的思考和精心的准备。参赛教师们选取的书籍类型广泛，既有教育经典著作，也有文学名著、历史传记等。他们从不同的角度切入，分享了自己的读书心得和感悟，内容丰富多彩，引人入胜。

参赛教师们在比赛中激情四溢，妙语连珠，展现了各自的风采和魅力，更展现了对教育事业的热爱和执着追求，增强了责任感和使命感，激发了他们为教育事业贡献力量的热情。

五、"家校合育"研讨活动

六校联合的"家校合育"研讨活动旨在加强学校与家庭之间的沟通与合作，共同促进孩子的健康成长和全面发展。通过深入交流和探讨，我们收获了许多宝贵的经验和启示。随着社会的发展和教育理念的更新，家校合作在教育过程中扮演着越来越重要的角色。

本次六校联合的"家校合育"研讨活动，让学校、教师和家长共同探讨如何更好地实现家校合作，共同为孩子的成长创造更好的环境。

活动采用讲座、分组讨论、经验分享等多种形式进行。首先，我们邀请了教育专家就家校合作的重要性、方法和策略进行专题讲座，为与会者提供了丰富的理论支持。接着，与会者分成若干小组，就如何在实际工作中加强家校合作进行了深入的讨论和交流。最后，邀请了几位有经验的教师分享他们在家校合作方面的成功经验和做法，为其他教师提供了实用的参考。

通过本次研讨活动，为学校和家庭搭建了一个沟通合作的桥梁，让与会者深刻认识到家校合作在孩子成长过程中的重要性，明确了各自在家校合作中的责任和角色，双方更加了解彼此的需求和期望，为今后的合作打下了坚

实的基础，推动了教育理念的更新和发展，为今后的教育改革提供了有益的借鉴。

六、存在的问题及解决办法

六校资源共享、联合交流，虽然在城乡共建方面取得了一些成绩，但在具体工作的实施中，也有一些问题。

资源差异导致的不平等。发展水平较高的学校往往拥有更多的优质资源，如先进的教学设备、丰富的图书资料和优秀的教师团队。当这些学校与发展水平较低的学校进行交流时，可能会因为资源差异导致交流过程中的不平等，使得发展较差的学校难以充分参与和受益。

教育理念和方法的不一致。由于发展水平不同，学校之间的教育理念和方法可能存在较大差异。这可能导致在交流过程中出现理解偏差和沟通困难，影响交流效果。

教师能力水平的差异：教师是学校发展的关键因素之一。发展不平衡的学校之间，教师的专业能力、教学经验和教育理念可能存在较大差异。这可能导致在交流过程中出现教师之间的能力不匹配，影响交流活动的深入开展。

学生背景和能力的不一致。学生的背景和能力也是影响学校交流效果的重要因素。发展不平衡的学校之间，学生的家庭背景、学习基础和综合素质可能存在较大差异。这可能导致在交流过程中出现学生之间的不适应和难以融入的情况，影响交流效果。

为了解决这些问题，发展不平衡的学校之间在联合交流时应该注重以下几个方面：

建立平等的合作关系。在交流过程中，应该尊重每个学校的独特性和差异，建立平等的合作关系，通过资源共享和互补，促进各学校之间的共同发展。

加强沟通和理解。在交流过程中，应该加强沟通和理解，充分了解和尊重对方的教育理念和方法，通过交流和合作，促进各学校之间的教育理念和方法的融合和创新。

提升教师能力水平。应该加强教师培训和交流，提升教师的专业能力、教学经验和教育理念。通过教师之间的互相学习和交流，促进教师之间的能力提升和成长。

关注学生发展。在交流过程中，应该充分关注学生的需求和发展。通过合作和交流，为学生提供更多的学习机会和资源，促进学生的全面发展和成长。

第四节　信息融合

相聚云端　共筑教育梦①
——教师信息技术应用能力提升工程2.0扎实推进

邓小平1983年提出：教育要面向现代化，面向世界，面向未来。而教育的现代化，其核心在于实现教育信息化。教育信息化意味着在教育领域内广泛运用信息技术，开发丰富多样的教育资源，优化教育教学流程，并通过系统培训，全面提升师生在信息技术方面的素养和能力。单县人民路中学根据教育部及省市教育主管部门的《中小学教师信息技术应用能力提升工程2.0实施方案》，精心组织了一系列培训活动。为了文件精神能够顺利推进，师训科丰冬梅科长多次进行培训，我们也致力于确保每一项工作都落到实处，推动教师信息技术应用能力与学科教学的深度融合。我们的目标是显著提升教师在新时代的信息素养，并进一步优化课堂教学质量，确保每一堂课都能高效地进行。

一、领悟政策，更新理念

（一）教育的未来是构建在互联网上的新教育

随着互联网技术的迅猛发展，教育的未来已不可避免地与其深度融合。

①本文系2021年"全县教师信息技术应用能力提升工程2.0推进会"上的典型发言

网络课堂、在线教育平台如雨后春笋般涌现，为学习者提供了更为便捷、灵活的学习途径。互联网不仅打破了地域限制，让优质教育资源得以广泛传播，还通过大数据、人工智能等技术，实现了个性化学习方案的定制。未来，教育将更加智能化、个性化，学生可根据自身兴趣和需求选择课程，实现真正意义上的自主学习。构建在互联网上的新教育，将重塑教育的未来，让每一个人都能享受到高质量的教育资源。

（二）学校教育变革的核心是教师的专业发展

学校教育变革的成功与否，关键在于教师的专业发展。教师是教育的直接实施者，其专业素养和教学能力直接影响学生的学习效果。随着教育理念的更新和教学方法的创新，教师需要不断更新知识体系，提升教学技能，以适应不断变化的教育环境。教师的专业发展不仅关乎个人的成长，更是推动学校教育变革的重要力量。只有教师具备了先进的教育理念、精湛的教学技艺和深厚的专业素养，学校教育变革才能取得实质性的进展，培养出更多适应社会发展需要的人才。

（三）制定"三提升一全面"的总体发展目标

"三提升"指的是校长信息化领导力、教师信息化教学能力、培训团队信息化指导能力的显著提升；"一全面"指全面促进信息技术与教育教学融合创新发展。

为了全面推动教师信息素养的持续提升，我们致力于构建一个以校为本、课堂为基、应用为导向、创新为核心、精准测评为支撑的教师信息素养发展新机制。这一机制旨在通过系统化和持续性的培训与实践，使教师能够在日常教学中深度融合信息技术，提高教学效果，同时不断激发和培育其创新精神和能力。

我们将通过实施一系列示范项目来引领和推动这一机制的有效运行。这些示范项目将聚焦于教师信息技术应用能力的全方位提升，确保每位教师在半年内的培训学时不少于50小时，并且确保实践应用学时半年内不少于50小时。通过这样的设计，我们旨在确保教师不仅掌握信息技术的理论知识，更能够将其熟练运用到实际教学中，真正发挥信息技术在教学中的优势和潜力。

此外，我们还将注重培训内容的创新性和实用性，结合当前教育教学的热点和难点问题，设计符合教师实际需求的培训课程。同时，我们也将加强对教师信息技术应用能力的精准测评，通过定期考核和反馈，帮助教师及时了解自己的不足和进步，为他们的进一步发展提供有力支持。

二、立足实际，制定策略

张庆标校长积极响应省市县的教育规划和指导，以"推动教学创新，提升教师运用信息技术进行学情分析、教学设计、学法指导、学业评价等多方面的能力"为核心目标。为实现这一目标，学校需严格实施自主管理，确保自主规划的落地执行，并加强自主研修的力度，以切实增强信息技术在教学实践中的应用效果，作为具体负责人的我制定了"三案一考核"标准。

（一）核心目标与策略

目标：助力学校教学创新，提高教师信息技术应用能力。

策略：严格自主管理、落实自主规划、抓好自主研修、强化应用实效。

（二）自主管理

明确职责、建立制度。发挥管理团队作用，建立教师信息技术应用能力提升工作管理机制，落实信息化领导力。

务实可行，避免形式主义。基于本校实际情况，针对问题与需求，制定可提升、可检测、可达成的目标任务及年度实施计划。

（三）三级计划制定

学校校本发展规划：明确方案与目标。

教研组研修计划：设计专题研修计划。

个人自主研修计划：制定任务清单与计划。

（四）研修机制与评价机制

研修机制：立足"整体提升"，建立研修共同体。骨干引领、教师选学、团队互助、学校指导。

评价机制：立足"问题解决"，建立实践应用的激励机制。通过教研组研讨、学校交流等推动教师应用。构建教师信息技术应用能力监测评价体系，支持成果导向的校本应用考核。

具体评价措施：教研组校本教研检查，纳入优秀备课组考核。年级教师课堂普查，纳入级部教师量化管理。校级优秀教师公开课、说课评比，设立奖励政策。微能力点作业测评，纳入教师量化考核，评出优秀学员。

三、务实创新，激流勇进

（一）思想动员

转变思想观念。学校应引导教师认识到信息技术在现代教育中的重要性，认识到提升自身信息技术应用能力是教学创新的关键。通过组织讲座、研讨会等形式，向教师传达信息技术应用的最新理念和趋势。

增强紧迫感。让教师了解当前教育信息化的发展趋势，认识到如果不及时提升信息技术应用能力，可能会影响到教学质量和职业发展。通过案例分析、对比研究等方式，增强教师的紧迫感。

（二）组织建设

建立领导小组。学校应成立专门的领导小组，负责教师信息技术应用能力提升工作的规划、组织和实施。领导小组应由校长或副校长担任组长，成员包括教务处、信息技术中心等相关部门负责人。

明确责任分工。领导小组应明确各成员的责任分工，确保各项工作有人负责、有人落实。同时，学校应建立相应的工作机制，确保各项工作的顺利开展。

（三）具体做法

制定培训计划。学校应根据教师的实际情况和需求，制定针对性的培训计划。培训计划应包括培训内容、培训方式、培训时间等方面的安排。

开展专题培训。学校可以邀请专家、学者或优秀教师来校进行专题培训，帮助教师掌握最新的信息技术应用方法和教学技巧，组织教师参加线上或线下的培训课程，提高教师的信息技术应用能力。

鼓励实践应用。学校应鼓励教师在实际教学中积极应用信息技术，如使用多媒体教学设备、制作电子课件、开展在线教学等。还可以组织教师进行教学观摩、交流研讨等活动，促进教师之间的经验分享和互相学习。

（四）考核评价

建立考核标准。学校应制定教师信息技术应用能力的考核标准，明确考核内容和要求。考核标准应具有可操作性和可衡量性，能够客观地反映教师的信息技术应用能力水平。

开展考核评价。学校可以组织专家或相关部门对教师进行信息技术应用能力的考核评价。考核评价可以包括笔试、实践操作、教学展示等多种形式。同时，学校还可以将考核结果与教师的绩效评价、职称评定等挂钩，激励教师积极提升信息技术应用能力。

反馈与改进。学校应及时向教师反馈考核评价结果，并针对存在的问题提出改进意见。同时，学校还可以组织教师针对考核评价结果进行反思和总结，帮助教师进一步提高信息技术应用能力。

四、总结推广，展望未来

经过这次"教师信息技术应用能力提升会议"的深入交流和探讨，我们共同见证了教师们对信息技术应用能力的热切追求和积极实践。

回顾过去，我们不难发现，信息技术已经深度融入现代教育的各个领域，成为推动教学创新、提升教育质量的重要力量。而教师作为教育的实施者，其信息技术应用能力的强弱直接影响到教学效果的好坏。因此，提升教师信息技术应用能力，不仅是教师个人职业发展的需要，更是学校实现信息化教学、提升教育质量的必由之路。

在这次会议中，我们深入探讨了教师信息技术应用能力的提升策略、方法和途径。从教师的实际需求出发，我们制定了切实可行的培训计划，组织了丰富多样的培训活动。通过专家讲座、案例分享、实践操作等多种形式，帮助教师掌握了最新的信息技术应用方法和教学技巧。同时，我们还注重教师的实践应用，鼓励教师在实际教学中积极运用信息技术，不断提升教学效果。

然而，在信息化教学的道路上，我们仍面临着一些挑战和困难。首先，教师之间的信息技术应用能力存在差距，部分教师对于新技术的接受和应用能力还有待提高。其次，信息化教学资源的建设和共享还不够完善，部分教师缺乏优质的教学资源支持。最后，信息化教学的评价体系还需要进一步完善，以更准确地反映教师的教学效果和学生的学习成果。

展望未来，我们将继续致力于教师信息技术应用能力的提升和信息化教学的推进。一是继续加强教师培训，通过组织更多的培训活动、提供更多的学习资源，帮助教师不断提升自身的信息技术应用能力。同时，将注重教师的实践应用，鼓励教师将信息技术应用于实际教学中，不断探索和创新教学方法和手段。

二是加强信息化教学资源的建设和共享。通过整合和优化校内外的优质教学资源，为教师提供更多的教学支持和帮助。建立教学资源共享平台，鼓励教师之间互相交流和分享教学经验和资源，实现资源共享、优势互补。

三是进一步完善信息化教学的评价体系。通过建立科学的评价标准和机制，更准确地反映教师的教学效果和学生的学习成果。同时，加强对教师的激励和奖励，激发教师参与信息化教学的积极性和创造力。

第五节　教学管理

凝心聚力　砥砺前行——教育教学工作总结

本学期，学校各个部门紧密围绕党建工作的核心，坚定不移地树立党建和师德师风建设引领意识，以党的先进性和纯洁性为标杆，积极引领教师团队追求卓越、服务学生。在此基础上，学校进一步推动特色课堂教学模式的创新与实践，注重培养学生的创新精神和实践能力，确保教学质量稳步提升。学校坚持树立德智一体育人目标，不仅注重学生知识的积累，更关注他们品德的塑造和身心健康的全面发展。经过全体师生的共同努力，学校各项工作取得了丰硕的成果，不仅在教学质量、科研创新方面取得了显著成绩，而且在校园文化建设、学生综合素质提升等方面也取得了令人瞩目的进展。

一、加强党建引领，落实立德树人

在县教体局党委的坚强领导下，学校党支部及党支部书记朱令臣对党建工作给予了极高的重视，精心策划和开展了一系列丰富多彩的主题教育活动。这些活动不仅强化了党员教师的党性教育和理想信念，同时也为学校的教学质量和学生的全面发展注入了新的活力。

在党建与教学结合方面，学校党支部始终坚持"围绕教学抓党建，抓好党建促教学"的原则，努力将党建工作与教学实践活动紧密结合。通过"两学一做"学习教育，党员教师们不断提升自身的政治理论水平和教育教学能力，确保每周都有学习、有进步。

为了加强党员教师的党性修养，学校党支部定期组织"重温入党誓词"活动，让全体党员在庄严的誓词中进一步强化"四个意识"，坚定理想信念，筑牢意识形态防线。同时，定期开展党课和主题党日活动，引导党员教师深入学习党的理论、路线、方针、政策，提高政治觉悟和理论水平。

在党员志愿服务方面，学校党支部积极组织党员教师利用假期时间走进社区、家庭，为孩子们提供辅导和上课服务。这种定期的送爱到家活动，不仅将家国情怀教育和生命教育落到实处，也让学生感受到了党的温暖和关怀。

此外，学校党支部还将党建与教学教研活动紧密结合，开展了"红心向党，和谐互助"集体备课、课堂普查等活动。不仅提高了教学质量，也加强了党员教师之间的团结协作。同时，学校还举办了"五四青年演讲比赛""红心向党，才艺大赛、书画大赛及师生征文"等丰富多彩的活动，丰富了学生的校园生活，让红心向党的精神在学生之间生根发芽。

在这些活动中，学校党支部充分发挥了党员在教育教学中的先锋模范作用，落实了教书育人的目标。同时，也为学生们营造了一个积极向上、充满正能量的学习和成长环境。

二、筑牢教育防线，保障校园安全

我校一直秉持着"学生安全至上"的理念，将学生的安全作为学校工作的重中之重。我们深知，一个安全、稳定的校园环境是学生学习和成长的基石，也是学校发展的必要条件。

定期开展全校安全隐患大排查。这一工作旨在全面、系统地检查学校内部的各项设施和环境，发现可能存在的安全隐患。我们组织专业的安全检查团队，对学校的教学楼、宿舍、食堂、实验室、运动场地等各个区域进行细致入微的检查，确保不留死角。在排查过程中，我们注重细节，关注可能存在的风险点，并及时记录、汇总。

（一）教师安全教育

在校园安全管理中，增强每一位教师的安全责任意识是至关重要的。这种认识程度的提升，不仅决定着我们距离安全的远近，更直接关联到每位教师的自我保护、自我防范能力的增强。

强化安全红线意识和底线思维。红线意识和底线思维是校园安全管理的核心。我们必须时刻保持清醒的头脑，将安全作为校园工作的首要任务，任何时候都不能有丝毫的松懈和麻痹。要坚持预防为主、防治结合的原则，通过强化安全教育、完善安全制度、加强安全检查等措施，确保校园的安全稳定。

增强教师自我保护、自我防范能力。通过组织安全培训、开展安全演练、宣传安全知识等方式，不断提高教师对安全问题的认识和理解。鼓励教师积极参与安全管理，培养其安全意识和安全技能，使其能够在遇到危险时迅速做出正确的反应。

进一步明确"一岗双责"要求。每位教师不仅要承担好自己的教育教学任务，还要担负起所在岗位的安全管理责任。组织全体教师学习教育部颁布的《中小学校岗位安全工作指导手册》，让他们明确自己所在岗位应担负的安全管理责任。例如，属于教师的课堂和辅导，应负有安全教育、学生出勤、突发事件、纪律等安全管理责任。通过这样的方式，确保每位教师都能够充分认识到自己的安全责任，从而更好地履行自己的职责。

（二）学生安全教育

基础安全知识。包括交通安全、防火安全、防溺水、防触电、防食物中毒等，使学生了解日常生活中可能遇到的安全隐患和应对措施。

网络安全教育。随着互联网的普及，网络安全问题日益突出。学校应加强对学生的网络安全教育，包括如何识别网络诈骗、保护个人隐私、避免网络欺凌等。

心理健康安全教育。关注学生的心理健康，引导学生正确处理情绪、压力，预防心理问题的发生。

三、强化精细管理，提升教学质量

精细化管理是一种追求卓越、强调细节的管理理念和文化，它建立在常规管理基础之上，并致力于将管理推向更高层次，实现更为深入和有效的运作。在推进精细化管理的过程中，领导班子的作用至关重要。为了确保工作能够落到实处，我校领导班子成员率先垂范，实行了领导岗位责任制，并采取了扁平化的管理模式。

具体来说，我校实行了领导包年级、包班级、包学科的条块结合管理模式。这一模式有效打破了传统的管理层级，使得领导班子成员能够更直接地参与到教学和管理的各个环节中，从而更好地掌握实际情况，及时发现和解决问题。

在这种扁平化的管理模式下，领导班子成员不仅要在宏观上把握学校的发展方向和整体规划，还要在微观上关注每一个细节，确保每一项工作都能得到精心的组织和实施。他们俯下身子，深入课堂，真抓实干，以求真务实的态度，推动学校各项工作的顺利开展。

将管理与教研移到教学的主阵地——课堂，是精细化管理的重要体现。课堂是教学工作的核心，也是精细化管理需要重点关注和优化的环节。通过深入课堂，领导班子成员能够更直接地了解教师的教学情况和学生的学习状态，从而更有针对性地提出改进意见和建议。同时，他们也能够将先进的管理理念和方法引入课堂，推动教学方法和模式的创新，提高教学效果和质量。

（一）抓实教学常规，精细教研促发展

1. 教学常规

实行每月定期的教案、作业批改的检查和通报制度。这一制度的实施，旨在确保教师能够严格按照教学基本规范进行备课和批改作业，提高教学的针对性和有效性。通过检查和通报，也能够及时发现教学中存在的问题和不

足，为后续的改进提供依据。

2. 集体备课

每次集体备课会有一个主备人，主备人负责详细讲解教学具体流程，而学科组的其他成员则进行补充和完善。在这一过程中，每位教师都能充分发挥自己的专长，集思广益，共同打磨出更加高效、精彩的课堂。教案本上的二次备课痕迹，正是我们集体智慧的结晶。

3. 大学科教研

在每周一次的大学科教研中，教研组长在学校的统一指导下，结合学科特点，制定学期教研计划，并明确分工。教研形式丰富多样，包括中心发言、交流研讨、专题报告和学习汇报等，确保每位教师都能从中获益。

（二）创新教学模式，实行分层教学

1. 深化课堂改革，打造高效课堂

为了更好地发挥课堂的育人功能，我们坚定不移地推进阳光大课堂的深化实施。在这一理念的指导下，我们致力于构建一种充满活力、鼓励探索的学习环境，使"自主、探究、展示、提升"成为课堂的常态。

通过阳光大课堂，我们鼓励学生自主思考，勇于探索未知领域，为他们提供展示自己才华的舞台，让他们在实践中体验成功的喜悦。并引导学生不断反思、总结，实现自我提升。

2. 转变学习方式，提高学习效率

我们创新了原有的小组合作学习形式，将传统的多人小组转变为两个人的师徒互助小组。在这个小组中，学习成绩较好的同学担任"师父"角色，而学习成绩相对较差的同学则成为"徒弟"。这种1+1的互助模式不仅增强了学生之间的互动性，还提高了学习效率。教师在课堂上组织教学活动时，都以这样的小组为单位，例如提问时，师父和徒弟共同站起来，由徒弟先回答问题，师父进行补充和纠正。此外，根据需要，随时可以将两个师徒互助小组组合成四人小组，进行整体考核评价，以此增强小组的集体荣誉感，同时也避免了小组划分过小带来的考核不便。

3. 实施分层教学，提高教学的针对性

在实际教学中，我们发现不同学生在不同学科上的学习基础和认知能力存在较大差异。为了更好地满足学生的个性化需求，提高教学的针对性和有效性，我校在行政班级不变的前提下，实施了分层教学。具体做法是，根据学生的学科基础和认知能力，将学生分成不同的层次，并针对语文、英语和数学三个核心学科进行走班教学辅导。我们利用每周三、四下午的第四节课，开展分层教学辅导活动。在这个过程中，教师针对不同层次的学生制定不同的教学计划、备课内容、课堂组织形式以及作业布置和测试方式。这样，教师能够更加精准地把握学生的学习需求，有针对性地开展教学，真正做到因材施教。

（三）强化作业管理，提高课堂效率

我校始终坚持并贯彻"四精四必三清"的作业管理原则，这一原则不仅极大地提高了课堂的教学效率，而且有效地减轻了学生的学习负担。

"四精"原则要求我们在作业管理上做到精选、精讲、精练、精批。精选意味着根据课程内容和学生的学习水平，选择具有代表性、启发性和针对性的作业题目；精讲则要求教师在讲解作业时，突出重点、解决难点，使学生能够深入理解并掌握知识点；精练则鼓励学生通过练习巩固所学知识，提高解题能力；精批则强调教师在批改作业时，要细致入微，及时指出学生的错误并给出正确的指导。

"四必"原则确保了作业管理的有效性和及时性。有发必收，即作业布置后必须确保学生按时提交；有收必批，则是对提交的作业进行及时、认真的批改；有批必评，意味着在批改后要对学生的作业进行点评，让学生明确自己的优点和不足；有评必补，则要求教师针对学生的错误和不足，给出具体的改进建议或补充练习。

"三清"原则则是对课堂效益的明确要求。教学任务日日清，意味着教师每天都要确保完成既定的教学任务，不拖延、不积压；课堂教学堂堂清，则要求教师在每一堂课上都要做到教学目标明确、教学内容清晰、教学方法得当，确保学生能够当堂消化、当堂吸收；学生作业离校清，则是要求学生在离校前必须完成当天的作业，不留尾巴、不欠债。

通过实施"四精四必三清"的作业管理原则，成功提升了课堂的教学效果，使学生在轻松愉快的氛围中掌握知识、提高能力。也极大地减轻了学生

的学习负担，让他们有更多的时间和精力去发展自己的兴趣爱好和特长。

（四）深度研究中考，把握中考方向

在每学期开学之际，我校领导始终强调并引领教师们加强自身的业务学习，尤其是深入研究新课标和学科核心素养目标。确保教师在备课过程中能够做到"脑中有标，心中有材，手中有法，眼中有生"，即明确教学目标、熟悉教材内容、掌握教学方法、关注学生需求。

初三教师需要深度研究菏泽市近五年的中考试题，这不仅是为了让教师更好地把握中考的命题趋势和考试要求，更是为了能够更精准地指导学生的备考。为此，我们鼓励教师拟定"双向细目表"，这是一种详细分析考试内容和教学目标的工具。在这个表格中，"双向"指的是教学目标和教学内容，而通过对各个知识内容、各级能力水平的得分率进行统计，教师可以一目了然地看到学生在哪些方面存在不足，从而不断弥补教学缺陷，改进教学方法，对教学目标进行适时调整。

"双向细目表"也对学生具有重要的指导意义。我们鼓励学生根据这一表格对自己的答卷情况进行个人质量分析，深入剖析失分原因。通过这种方式，学生可以更加清晰地认识到自己的学习短板，从而调整学习策略，改进学习方法，提高学习效率。

四、采取多措并举，引领教师专业成长

人民路中学多年来始终坚守教育初心，致力于教师的专业发展、学生的健康成长以及学校的可持续发展。我们深知，优秀的教师队伍是学校发展的核心动力，特别是青年教师的成长，对于学校的未来发展至关重要。

为了充分发挥优秀骨干教师的引领作用，我校特别制定了一套针对青年教师的专业发展规划与培养策略。这套策略的核心在于通过系统的培训和指导，帮助青年教师尽快适应教育教学工作，掌握先进的教育思想和教学方法，并制定出科学的人生规划。

具体而言，我校将青年教师的培训纳入了一个为期三年的成长规划，并付诸实施。

（一）第一年：快速适应期

在初入教育的第一年，我们的目标是帮助青年教师尽快适应学校的教育教学环境和文化。通过组织一系列的入职培训、师徒结对的"青蓝工程"等活动，和不定期举办的"四课"（即青年教师汇报课、骨干教师公开课、教学名师示范课、质量专题研究课），让青年教师深入了解学校的教育理念、教学常规以及学生特点。

（二）第二年：稳固提升期

在第二年，我们要求青年教师在适应的基础上，进一步提升自己的教育教学能力。通过组织专题培训、教学研讨等活动，让他们深入了解学科前沿知识、教学方法和策略，鼓励他们参与课题研究、教学比赛等活动，锻炼自己的教学能力和研究能力。

（三）第三年：骨干培养期

经过前两年的积累和提升，到了第三年，我们的目标是让青年教师成为学校的教学骨干。为此，我们将为他们提供更多的发展机会和资源，如参与学校的教学改革、承担重要的教学任务等。同时，我们还鼓励他们积极参与学校的各项管理工作，提高自己的综合素质和管理能力。

五、实施多路并进，全面促进学生发展

（一）努力打造书香校园

学校通过开展阅读月、图书交换市场、阅读挑战赛、读书分享会、作家见面会、读书笔记展览等活动，为学生创造一种浓厚的阅读氛围，让他们在阅读中获取知识、拓宽视野、提高素养。

（二）引领学生撰写成长日记

为了规范学生的学习过程并帮助他们养成良好的学习习惯，我们精心印制了《学生成长日记》，引导学生做好每天的学习计划，能够更好地安排自己的时间，确保高效地完成学习任务。

（三）开发校本课程，追求办学特色

为了全面促进学生的综合素养和个性发展，我校深入挖掘并利用各种资源，精心开发了一系列多元课程，如研学、游泳、人工智能、科技创新等综合活动。为了确保这些课程的顺利实施，我们制定了详细的活动计划，并严

格按照计划执行。通过教师的精心组织和学生的积极参与，这些课程已经取得了显著的成效，为学生的全面发展奠定了坚实的基础。

（四）加强家校合育，提高育人效果

加强家校合育是现代教育体系中不可或缺的一环，通过家庭与学校之间的紧密合作，共同促进学生的全面发展。在当今社会，教育不仅仅是学校的责任，家庭作为孩子成长的首要场所，同样扮演着至关重要的角色。

我校通过家长会、家访、家长信箱等方式，及时向家长反馈学生的学习情况和表现，同时也听取家长的意见和建议，共同制订教育计划。

六、善于发现问题，及时寻求应对策略

在过去的一年里，我校在教育教学的各个方面都取得了显著的成绩，这些成绩的取得离不开全体师生的共同努力。然而，在欣喜之余，也必须清醒地认识到，我们的工作还存在一些不足和需要改进的地方。

首先，部分教师在钻研教材、考纲上还存在不到位的情况，备课不充分，教案撰写不用心，甚至存在抄袭现象。这些现象对教学工作的指导意义大打折扣。为了解决这个问题，需要进一步端正教师的教学态度，加大对教育教学管理的力度，确保每一位教师都能够深入钻研教材，精心备课，用心撰写教案，为学生提供更高质量的教学服务。

其次，教师专业学习的自觉性还有待提高。虽然学校的校本教研提供了一定的教学业务培训和教学专业引领，但教师的专业发展最终还是要靠自己的主动学习。因此，需要引导教师树立专业学习的紧迫感和自我需求，鼓励他们积极参与各种专业学习和培训活动，不断提升自己的专业素养和教学能力。

然后，过于注重应试教育，忽视了对学生核心素养的培养。为了解决这个问题，需要优化课堂教学，转变教师的教学行为，渗透课堂学习方法，转变学生的学习方式，注重培养学生的核心素养，为他们未来的学习和生活打下坚实的基础。

最后，学生良好的学习、生活习惯还需进一步养成。为了解决这个问题，需要开展德育活动，通过丰富多彩的活动，引导学生树立正确的价值观和人

生观，培养其良好品质和行为习惯。

　　新的一年承载着新的使命，新学期将开启新的征程。在上级主管部门的正确领导下，我们将以只争朝夕的拼搏精神，战无不胜的智慧勇气，开拓创新的胆识魄力，锲而不舍的执着干劲，扎实工作，奋力争先。我们将继续加强教育教学管理，优化教育教学环境，提升教育教学质量，努力把我校教育教学工作推向新阶段，全力开创我校教育事业更加灿烂辉煌的明天。

第六章 教学随笔篇

　　语文特级教师李镇西先生曾言："我一边教书，一边读书，一边思考，一边写作。教育与文学共进，思想与激情齐飞，青春与童心为伴，生命与使命同行。"这句话道出了教学随笔写作的真谛。

　　撰写教学随笔，是每一位教师在教学旅程中不可或缺的一部分。它不仅是教学实践过程的真实记录，捕捉着教学中的每一个细节，更是教师内心世界的映照，记录着教师的心路历程。在书写的过程中，教师得以静下心来，感受自己的心灵与智慧的沉淀，这是一场与自我深度对话的过程。

第一节　教育情怀

深水沉静，厚爱博大
——30 年教学历程[①]

自我 1993 年 8 月走上三尺讲台，坚持"孜孜不倦为师路，矢志不渝教书人"之信仰，毅然挑起班主任的重担，在平凡的岗位上，用自己的努力和汗水，为学生们营造一种充满爱与希望的成长环境。

一、带着理念进课堂

以匠心雕琢教育的玉镂，我始终坚守初心，敢于创新，与时俱进。在班级管理上，我面对问题不回避，与学生沟通、交流，以严格与关爱并行的态度，用细致入微的关怀引领学生度过青春的迷茫期。我怀揣着强烈的追梦信仰，以忠诚和热情投身于教育事业，用高尚的师德和精湛的业务能力，成为专业引领者、学生成长的引航者。

我深知，教育之路非一蹴而就，唯有持之以恒的努力和不断更新的理念，才能成就学生的未来。因此，我注重提升自我，不仅在教学方法上不断创新，更在师德师风上严格要求自己。我坚持两手抓，一手优化学生管理方式，确保其适宜性和灵活性；一手探索教学手段的多样性，追求纯粹而有效的教育。我积极参与各级教研活动，深入研究教育教学改革，不断更新教育观念，以现代教育观、教师观、学生观为指导，制订科学的教学计划。

在教学中，我注重情感投入，用知识武装学生的头脑，用品德塑造学生的灵魂。我因材施教，因势利导，在提高学生能力的同时，也让他们在实践中锻炼自己，真正做到教学相长。作为一名老党员，我忠诚于党的教育事业，将教书育人、管理育人、服务育人作为工作的核心。

---

①本文系"2020 年菏泽市教书育人楷模"个人先进事迹。

二、用行动关爱留守学生

老吾老以及人之老，幼吾幼以及人之幼，这是我始终秉持的信念。

当我遇到留守学生李同学时，她的孤独和困境深深触动了我。李同学长期缺乏母爱，性格孤僻，生活自理能力有限，甚至头上生了虱子。面对这样的孩子，我像母亲一样为她洗头、洗衣、抹药，将我家中闲置的衣物送给她，希望能给她带来一丝温暖。

当我遇到来自农村，家境贫寒，身体瘦弱，性格孤僻的刘同学，为了帮助他走出阴影，我尝试了各种方法，包括在作业本上写下鼓励的评语，每天见面报以微笑。慢慢地，他打开了封闭的心扉，接受了我和同学们的关爱。如今，刘同学已经上了大学，每次微信问候都让我感到无比的欣慰和自豪。

我的行动感染了身边的同事和领导，他们纷纷加入，组成了一个关爱留守孩子的大家庭。在大家的共同努力下，孩子们感受到了家的温暖，学校成了他们心灵的港湾。虽然，这也给我带来了巨大的压力和挑战，在繁重的教学任务之余，还要负责家访、交流和心理疏导等工作，身心疲惫，甚至一度病倒住院。但每当看到孩子们渴望的眼神和纯真的笑容，我就感到一切付出都是值得的。

我相信，只要我们用心去关爱每一个孩子，无论他们来自哪里，无论他们面临怎样的困境，都能够找到属于自己的光明和希望。正如花朵经过风雨的洗礼会更加艳丽一样，孩子们也会在我们的关爱下茁壮成长。

三、让阅读反哺教育教学

在现今这个信息爆炸的时代，我们却不得不面对一个严峻的现实："知识贫穷"仍在限制着许多人的思维。当一个人的知识储备匮乏，其视野和思维便容易被局限，难以产生创新性的想法和突破性的进展。因此，我积极倡导并努力构建一种"书香校园"和"书香家庭"的环境，希望通过文化的滋养，丰富人们的内心世界，拓宽其想象思维的边界。

为了将这一理念落到实处，我克服了种种困难，将"家庭读书会"这一形式引入校园。这一举措旨在营造一种"爱读书、会读书、读好书"的浓厚氛围，让阅读成为每个家庭、每个学生生活中不可或缺的一部分。我们邀请了吉林省全民阅读协会副秘书长、家庭阅读委员会副理事长代俊东老师，为我们作"家庭读书会"的专题报告，旨在指导我们如何更好地开展这一活动。

在这一过程中，以张春焕老师为代表的优秀教师们发挥了巨大的作用。他们不仅自己积极参与家庭读书会，还引导家长和学生共同参与，共同学习。截至目前，家庭读书会已经举办了近 100 期，参与者广泛阅读，涉猎群书。这种家长与学生共同进步的氛围日益浓厚，不仅提高了学生的阅读能力和学习水平，也增进了亲子之间的情感交流。

更重要的是，随着家庭读书会的深入开展，学生整体的学习水平也得到了迅猛提升。他们更加善于思考、更加富有创新精神，能够在课堂上提出更加独到和深入的见解。这种变化不仅体现在学习成绩上，更体现在他们的思维方式和综合素质上。

未来，我们将继续深化和拓展"书香校园"和"书香家庭"的建设，让更多的人受益于阅读的力量。我们相信，只要用心去打造、去推广，书香的气息将会弥漫在校园的每一个角落，成为我们共同的精神家园。

四、秉承高尚师德育人

20 世纪 70 年代，我诞生于一个知识分子家庭，自幼便深受父母智慧与品格的熏陶，使"上善若水"的理念在我心中生根发芽。踏入社会，我将这一理念与职业道德融为一体，在教育的道路上取得了显著的成就。

时光匆匆，转眼间青丝已变为白发。面对年迈且多病父母的照料需求，以及自己因长期劳累而落下的身体疾病，我常有"悄悄夜更长，空山响哀音"的感慨。

然而，正是家庭与工作的双重压力，锻炼了我更加宽广的心态和格局，使我的人生变得更为厚重和丰富。作为教育领域的基石，我坚守着教育的初心，三十年如一日，用点滴行动诠释着敬业与爱心，致力于以爱育人、铸就师魂。

我始终致力于成为一名真实的教师，用实际行动诠释着责任与师爱。在课堂教学、课程开发和教书育人的道路上，我不断追求卓越，尽情展现自己的风采。家长们对我深情的一躬，是对我最好的认可与赞誉。在学生眼中，我是他们最具魅力的"女神"；在同事身边，我是最善良热情的姐妹；在领导眼里，我是最优秀能干的职工。我将继续秉持初心，为教育事业贡献自己的力量。

教研情怀　润泽人中

教科研工作是学校的灵魂，是提升学校品位、促进教师个人成长的重要途径。近年来，我校坚持教研兴校、以研促教，用教科研转变教师教学观念，改进教学方法，提升自身素质，引导教师用科学的教育理论去研究教育现象，解决教学活动中存在的实际问题。

撰写教学随笔是人中教师教学的常规实践之一，随笔中记录着教学实践过程中的许多细节，也记录着教师的心路历程，随笔可以让教师在书写中感受自己的心灵私语与智慧沉淀。

课题研究则是一种积极的探索和创新。我们提倡将课堂实践作为研究的起点，再将研究成果反哺教学实践，通过撰写研究论文和报告，极大地提升了教师的教科研能力。

我主编的这本《人民路中学教科研论文集》展现了人中教师做科研的历程。它没有绚丽的色彩，却有老师们紧跟教育教学时代步伐的孜孜追求；它没有别致的装帧，却有新理念指导下的高效课堂。淡淡的油墨清香，散发出来的是老师们对教育事业的无限热爱和对学生的无私奉献。

也许，我们的教育理念还不够成熟，文笔还不够流畅，但每一份文稿都凝聚着我们的心血，折射出我们在新课改浪潮中理念的撞击、心灵的思索。

我们坚信，随着课程改革的不断深入，教师研究的课题会更广，探索的程度会更深，撰写的论文会更优。衷心希望每一位人中老师以教研为乐，在教育的乐园里守望、耕耘、收获。

本文为《人民路中学教科研论文集》卷首语

惟德惟爱　灼灼其华

——刘峰松教师的个人事迹

作为一名有着 21 年党龄、13 年班主任教龄的数学教师，在平凡的工作岗位上，我秉承"孜孜不倦为师路，矢志不渝教书人"的信念，用心做事业，用爱做教育，谱写了一曲曲普通耕耘者的奉献之歌。

一、信念如灯，指引前程

作为班主任，我一直恪守着"一切为了学生，为了一切学生"的教育理念，为人师表，言传身教，率先垂范，以自己的言行、志向来影响学生。努力倡导并践行爱心教育、赏识教育、理想教育、家国情怀教育，树立远大理想和抱负。

我越来越深刻地领会到"百年大计，教育为本"的核心要义，教师作为教育之本，只有树立正确的思想观念，保持先进性、纯洁性，才能把这种观念传递给每一位学生。理想信念不仅是每一名教师的灵魂之钙，更是每一名学生急需补充的思想之钙，这个钙补得及时、适量，才能使每一名学生坚定理想信念，立志报效祖国。

二、上善若水，润物无声

"教，上所施，下所效也；育，养子使做善也。"可见教师的职业特性要求教师必须是道德高尚的人。成为教师后，我便把这种道德要求用于我的教学生涯。在言传身教中，我用自己的道德情操去感染学生、引导学生和帮助学生把握好人生方向，扣好人生的第一粒扣子。

我所任教的学校都在城乡接合部，留守儿童比较多，卫生、思想和学习都成了问题。我通过家访，了解孩子们的心理状况和学习生活，并及时做心理疏导，生活、精神上都给予帮助，让他们体会到，虽然父母不在身边，却能拥有老师的爱、同学的爱。但我总觉得个人的力量是有限的，还应该让更多的人了解这些孩子，关爱这些孩子。为此，2014 年我申报了省级课题《城乡接合部农村留守初中生心理疏导研究》。一边研讨，一边实践，为大家提供了大量的如何疏导留守生的心理等问题的理论知识和实践经验，2016 年 7 月顺利结题并在学校全面推广，教师人人家访、学校开设心理咨询课。

三、学如格竹，朝乾夕惕

我努力打造"学生主体、学情主导，教师助推"的高效课堂，充分培养学生的核心素养和综合能力。作为学校课改成员之一的我成为课改先锋，外出学习名校课改经验，研读《高效课堂密码》，探索、创新并实践高效课堂模式，将高效课堂由 2.0 版推进至 3.0 版，细化了 8 人或 6 人组的小组合作学习，实行了"1+1 师徒互助"组中组的学习方式。经过半年的研究，我制定并实施了"1+1 师徒互助小组建设、激励评价机制、教学策略"等。

四、引领辐射，全面开花

由于不断学习先进的教育教学理念与方法，大胆实践，勇于创新；开展务实、有效的教研活动，我逐渐成为教学、教研方面的"专家型"教师，多次在全县教育教学会议上做培训和报告。分别于 2016 年 9 月、2019 年 9 月在全县中小学"城乡共建，均衡发展"总结现场会及推进会上做典型发言；2018 年 8 月，在开实中学教师暑期培训上做了《高效课堂——导学案的制作和使用》报告；2017 年 9 月，在单县师训科组织的北京大学"国培计划（2017）"培训学习做经验分享；2019 年 3 月在全县教学教研工作会议上做了《创新型说课式集体备课》专题报告。

2019 年暑期，我再次对人民路中学全体教师进行了"1+1 结对互助教学策略"系列培训，定期进行教师课堂普查。11 月份圆满举办了高效课堂开放周活动，继而在全校掀起了一场和谐互助的改革高潮。

2019 年暑期教师业务培训，我多次被邀请作报告，将先进的教学理念和教学策略辐射到人民路学区、南城学区、高老家学区、城乡共建学校等全县十几个学校，得到与会教师、领导的一致好评。2022 年 3 月、2023 年 3 月，多次在北城中学、胜利路实验学校进行教师职业规划培训、高效课堂培训等系列培训。

五、信息时代，突飞猛进

教育要信息化，教育的内容和方法必须随着科学技术的发展和学生的身心特点而不断变化，信息技术和学科的深度融合是时代发展的需要，教师培训和提高师生的信息素养势在必行。

2019 年春，我负责学校"信息技术应用能力提升 2.0 工程整校推进"工作。三年来，认真领悟政策、制定方案，循序渐进开展"信息技术应用能力提升 2.0 工程整校推进"，以核心素养培育为出发点，以提升工程 2.0 培训为抓手，以学科教研组为单位开展校本教研活动，力准测评。经历了十几次的培训、分享与考核，提高了教师信息素养与信息技术与学科有效融合的能力。2021 年 9 月，我代表学校在全县"信息技术应用能力提升工程 2.0 推进会"上做典型发言。2022 年 10 月，我校顺利迎接菏泽市"信息技术应用能力提升工程 2.0 整校推进"工作验收，我向市级验收组领导进行了 20 分钟的工作汇报，荣获菏泽市第一名，2023 年 5 月，我校代表菏泽市将迎接省的验收。

在整校推进工作的过程中，我精进了组织能力。2020 年 6 月，我制作的《专题复习——最短路径问题》的课件、微课分别获菏泽市二等奖、三等奖；2022 年 9 月，作品《A3 演示文稿设计与制作》评为县级优秀课例；2023 年 2 月，《专题复习——最短路径问题》案例被菏泽市推荐为山东省中小学教师信息技术应用能力提升工程 2.0 信息化教学创新典型案例。

六、读如春草，渐行渐生

为了打造书香校园、书香家庭，用父母的阅读习惯和品质影响孩子的阅读态度，使"爱读书、会读书、读好书"成为人民路中学每个学生家庭的家风和学校的校风，学校倡导并引进"家庭读书会"进校园，推进全民阅读。

2018 年 10 月，我校邀请了吉林省全民阅读协会副秘书长、家庭阅读委员会副理事长代俊东老师作专题报告。从此，我校在教师阅读、学生阅读的基础上又添新色彩。

作为家庭读书会具体负责人的我，制定了家庭读书会的实施方案、家庭读书会手册、评价机制等。孩子们在家长的陪同下，每天把自己的读书感受写出来，并制作成美篇，发到学校读书群中。学生相互激励，家长也相互借鉴，班主任与语文老师进行点评和指导，我更是引领家长、鼓励学生加入读书活动。

七、生活有爱，才有远方

我成长在一个富有爱心的家庭，走向教师工作岗位后，自然爱岗位、爱学生，爱一切美好的事物，更善于在教书育人和教学管理之中用爱培育爱、激发爱、传播爱，能够把自己的温暖和情感倾注到每一个学生身上。我满腔热情迎来一届届学生，又幸福满满地送走了一批批学生。

我走访了很多贫困生、特殊生、问题生的家庭，我以仁爱之心爱护他们，他们内心渐渐敞开，变得乐观、开朗起来，直到顺利进入大学。

八、一分耕耘，一分收获

给予学生关爱，让学生走得更远；用爱作为自己的指路明灯，我也成长了很多。2009 年 9 月，荣获"菏泽市优秀教师"称号；2012 年 6 月，荣获单县"优秀共产党员"称号；2014 年 3 月，荣获"菏泽市妇女先进个人"称号；2019 年 10 月，荣获单县第八批"拔尖人才"称号；2020 年 8 月，被评为 2020 年度菏泽市教书育人楷模……

在教书育人的道路上，我付出的是辛勤和汗水，收获的是充实、幸福和快乐。相信今日含苞欲放的花蕾，明日一定能盛开绚丽的花朵。让"优秀共产党员"的称号在我身上闪闪发光！

第二节　读书思辨

宁波之行
——关于阅读的感想

2019 年 7 月 16 日，我怀揣着对教育的热忱和对阅读文化的向往，踏上了前往宁波的旅程，开始了为期四天的学习之旅。这次"全国中小学弘扬阅读文化、推进书香校园建设"研讨会，汇集了众多来自全国各地的专家学者和一线教师，他们共同分享和交流了关于阅读文化推广和书香校园建设的宝贵经验。

在研讨会上，我聆听了多位专家学者的精彩报告，他们的深邃见解和独到分析让我深受启发。通过学习，我深刻认识到了阅读对培养学生综合素养的重要性，也了解了如何在日常教学中有效推广阅读文化，打造书香校园。

此外，我还与来自各地的教师们进行了深入的交流和探讨。我们分享了各自在推广阅读文化、建设书香校园方面的做法和心得，相互借鉴和学习，共同进步。这次学习不仅让我收获了宝贵的知识和经验，也结识了许多志同道合的朋友，为我们未来的教育工作注入了新的活力和动力。

一、徐雁教授：书香校园与文学阅读

南京大学信息管理系教授、中国阅读学研究会会长、中国图书馆学会学术委员暨阅读推广委员会副主任徐雁教授在关于书香校园与文学阅读的讲座中，详细阐述了"书香"一词的历史渊源、全民阅读的相关政策条例、"书香校园"所蕴含的人文精神及其多样化的活动形式，以及推荐阅读的书目。他特别强调，"书香校园"建设的核心在于构建一种以"读书求知"为价值观的学风环境。

在我看来，要营造这种以"读书求知"为特色的校风，教师群体应当率

先垂范。正如徐教授所言："一群不读书的老师，怎能培养出爱读书的学生？"教师的言行举止对学生有着深远的影响，他们的阅读习惯会在无形中激发学生的阅读兴趣。因此，我们应当积极鼓励教师参与阅读，通过他们的言传身教，带动学生形成积极的阅读态度。

为了培养师生终身阅读的兴趣和习惯，学校应举办多种形式的校园阅读活动，使阅读成为师生日常学习和生活的一部分。此外，改善校园学习设施，特别是图书馆、教室图书角以及校园图书漂流点的条件设施，对于营造良好的阅读环境和氛围至关重要。如果条件允许，学校还应配置专职的图书馆馆员和阅读指导老师，为师生提供丰富多样的中外优秀书籍资源，并创造一种舒适宜人的阅读环境。这样的举措将极大地促进书香校园的建设，为师生提供一个优质的阅读平台。

二、纪勇老师：校园阅读与教师核心素养

浙江宁波中学高级教师、中国阅读学会会员、中国阅读鉴赏研究会会员纪勇老师在分享关于"书香校园"建设的策略时，深入探讨了教师的核心素养、校园阅读的经营、教师阅读的意义与路径等多个方面。他强调，校园阅读的理念应涵盖愿景的聚集、策略的提炼、团体的培育、方法的运用以及评价策略的制定。

在校园阅读的经营上，纪勇老师提出了四大策略。首先是引领策略，涵盖领导示范、政策引导和舆论营造三个方面；其次是组织策略，需要有效整合专家、教师及学生等多方力量；再次是方法策略，强调知行合一和学以致用的原则；最后是平台策略，通过校园刊物、著作出版和演讲等形式，为师生提供展示和交流的平台。

具体到教师阅读的意义，纪勇老师认为阅读能够显著提升教师的政治理念、信念，包括政治方向、态度、立场和纪律。此外，教师阅读还有助于教师情感的丰富、人生态度的积极塑造、个人涵养的提升以及智慧的积累。

纪勇老师还指出，作为历史文化的传播者、人际关系的艺术家、学生心理的保健师和人类灵魂的塑造师，教师的言行举止对学生有着深远的影响。因此，教师不能仅限于课堂上的照本宣科，而应通过自身的阅读和写作实践，

引导学生掌握阅读和写作的技巧，培养学生的阅读和写作兴趣。

我深以为然，教师的阅读和写作习惯将直接影响学生的学习效果。只有教师不断地走在阅读和写作的路上，才能带领学生欣赏到知识世界中的旖旎风光，收获成长的果实。

三、刘波老师：新时代教师阅读力养成的着力点

曾担任浙江省宁波市镇海区仁爱中学教师读书社社长，如今在镇海区教科所任职的刘波老师对《收获》杂志编辑部主任叶开发表的文章《中小学语文教师百分之九十都应该回炉》进行了深入的分析和批判，特别针对某位在语文教育领域中享有特级教师称号的教师的高考文章导入进行了批评。刘波老师强调，作为一位对中小学语文教育有着显著影响力和评价标准的特级教师，其文学阅读视野的局限和对文学艺术的浅薄理解，无疑是一个令人震惊的现象。这种低水平的表现，在刘波老师看来，实际上揭示了当前中小学语文教师队伍中专业素养的整体现状。

尽管叶开的观点可能略显偏激，但刘波老师认同其中反映出的核心问题：许多语文教师缺乏阅读热情，对阅读的理解不够深入。这种现状对于语文教育的质量和学生文学素养的培养都是极为不利的，因此值得所有教育工作者和社会各界的关注与担忧。

在刘波老师看来，改善这一现状的关键在于提升教师的阅读能力。他提出了三个方面的"着力点"：首先，要唤醒教师自身的阅读意识，让他们意识到阅读对于个人成长和专业发展的重要性；其次，要不断提升教师的阅读能力，通过系统的学习和实践，提高他们对文学作品的鉴赏能力和理解能力；最后，要鼓励教师提高自身的阅读产出，通过写作、教学等方式，将阅读的成果转化为实际的教学和学术贡献。

刘波老师进一步指出，目前许多学校的教师正需要这样的唤醒和提升。他们应该被引导去热爱阅读、深入理解阅读，并通过阅读来丰富自己的精神世界，提升专业素养，从而更好地履行教书育人的职责。

四、感悟：教师要做学生阅读的领跑者

作为一名教育工作者，我坚信阅读是我职业生涯中不可或缺的一部分。

我深知，只有我自己热爱阅读，才能激发学生的阅读兴趣，引导他们走向知识的海洋。

随着移动互联网的飞速发展，"碎片化"成为最显著的特征。时间被不断分割，"碎片化阅读"也随之成为阅读的新趋势。然而，我认为我们需要建立多层次的阅读观念，既要享受自由、广泛的阅读，也要正视碎片化阅读的利弊。我们不应一概否认浅阅读的价值，同时更应重视深度阅读在数字时代的重要性。

正如《如何用阅读改造大脑》一书中所言："大脑具有可塑性。多读书就会有读书的大脑，总上网就会有上网的大脑。"这句话深刻揭示了阅读对大脑塑造的积极作用。因此，无论是教师还是学生，我们都应为自己的成长投入时间、金钱和精力，让阅读成为我们生命中不可或缺的一部分。

在回家的路上，我深思良久。我意识到，无论是读书还是旅行，都是我们拓宽视野、丰富人生的途径。因此，我为自己设定了新的目标：要么沉浸在书海中，要么在旅途中寻找灵感。我渴望不断学习，不断挑战自我，让自己始终保持开放的心态和进取的精神。

我深信，从书中我们可以找到过去的足迹、遗失的美好、精神的家园以及幸福的真谛。阅读不仅让我们获取知识，更让我们在精神层面得到升华和成长。因此，让我们共同热爱阅读，为自己的未来投资，让"读书好，多读书，读好书"成为我们共同的信念。

第三节　教育漫谈

做一名有温度的教育工作者

当我们提及于丹教授用"温度"评价孔子，意在强调孔子思想对后世的深远影响与温暖人心的作用时，不禁要反思：在现今社会，面对校园欺凌、社会欺骗等问题所反映的人情冷漠，教育工作者应如何成为有温度的存在？

我们要理解"温度"在教育中的意义。它不仅指教师对学生的关爱与温暖，更包括教师在传授知识、引导人生方向时所展现的积极态度与正面能量。这种温度能够让学生感受到被尊重、被理解、被支持，从而激发他们的学习热情和生活动力。

做一名有温度的教育工作者，就是要播洒阳光，传递温暖。

我们要像阳光一样，照亮学生内心的每一个角落。例如，面对残疾学生，应该给予他们更多的关爱与鼓励。通过尊重他们、帮助他们、关爱他们，为他们创造一种充满爱与温暖的学习环境。这样的教育环境能够让学生感受到被接纳和尊重，从而更加自信地面对学习和生活。

做一名有温度的教育工作者，就是要富有感染力，激发共鸣。

我们要用激情去感染学生，让他们在课堂上充满活力。教师的激情源自对教育和学生的热爱，对教材和教法的自信。这种激情能够激发学生的共鸣，提高教学效果。在课下，也要保持热情，用我们的言行举止去影响学生，让他们感受到教育的美好与力量。

做一名有温度的教育工作者，就是要不断成长，追求卓越。

教育是一个永无止境的学习过程。我们要不断地更新自己的教育理念和教学方法，以适应时代的发展和学生的需求。通过不断学习和实践，以提高自己的专业素养和教学能力，为学生提供更加优质的教育服务。我们也要关注学生的成长和变化，及时调整教学策略，帮助他们更好地实现自我价值。

让我们一起努力成为一名有温度的教育工作者，用爱心、耐心和责任心去温暖每一个学生的心灵，让他们在教育的阳光下茁壮成长！

在 2022 年全县教育事业发展
党外人士座谈会上的发言

尊敬的领导、各位同仁：

大家好！

随着暑期接近尾声，新的学期又将拉开序幕。今日能在此座谈会上发言，我深感荣幸，同时也意识到这是一份沉甸甸的责任和担当。感谢领导给予我汇报学习的机会，我将竭尽所能，不足之处还请各位批评指正。

教育，本质上是一种生长，它既是学生个体的成长，也是教师自我提升的过程。对于学生们的生长，我们作为教师，最大的使命就是尽己所能为他们营造一种良好的学习环境。同样，县领导和教体局党组也为全县 1 万多教师提供了良好的专业发展环境，使我们能够专心教研，传道解惑，实现自我价值。

过去的一年里，新一届局党组黄志力局长、王腾香校长等领导强化了对校长和教师队伍的管理，狠抓教育教学质量，全体教育工作者迎难而上，以办好人民满意的教育为目标，取得了显著的成果。高中、初中、素质教育和职业教育等方面均取得了新突破，赢得了老百姓的信任。这些成绩的取得，离不开每一位教育工作者的辛勤付出和不懈努力。

然而，我们也深知教育的道路任重道远。为了更好地教育好学生，我们需要家校社形成合力，打造协同教育。在此，我想提出以下几点看法和建议：

第一，应加大《家庭教育促进法》的普及力度，充分发挥家校合育的力量，共同促进学生的健康成长。

第二，提倡全民阅读，共建书香社会、书香校园，提升全民文化素养。政府应加大对实体书店的支持力度，学校则应积极营造阅读氛围，让阅读成为师生的自觉行为。

第三，我们还应关注学生心理健康，重视生命教育。面对社会公共卫生事件等不确定因素带来的挑战，加之一些父母离异、家庭困难的学生更容易受到心理创伤，我们需要构建社会、家庭、学校三位一体的学生心理健康教育工作体系，确保学生健康成长。

第四，应重视学前教育，完善监管体系，提高幼儿园科学保教质量。

作为教育工作者，我们深知自身的重要性。教师的言行举止、精神风貌都会对学生产生深远的影响。因此，我们需要不断提升自身素养，以美好的自身形象为学生树立榜样。学校领导也应引领教师自我成长，激发教师的创新精神和进取精神。

在未来的教育生涯中，我将以此次座谈会为契机，继续深化自身专业发展，勇于创新，为教育事业贡献自己的力量。感谢大家的聆听，我的发言完毕。

第四节　班级管理

浅谈城乡接合处中学的班级民主管理

随着社会的发展，教育的地位愈发凸显。中华民族伟大复兴离不开教育的振兴，而教育振兴的基石正是中小学教育。为了确保这一基础稳固，需聚焦于校园管理模式和班级管理制度的变革与创新。

校园，作为人才培养的核心场所，承载着塑造未来栋梁的重任。而在这一过程中，班级作为最基本的组织单位，承担着对学生进行素质教育、传授基础知识的使命，是学生茁壮成长的摇篮。一个优秀的班集体，不仅能够激发学生的潜能，更能激励他们勇往直前，以积极向上的态度追求个人的全面发展。要实现这一目标，班级民主管理起到了至关重要的作用。

人民路中学是一所于 2012 年成立的学校，坐落于城乡接合部。学生家长因忙碌的生活节奏和有限的教育背景，往往缺乏足够的时间和能力来教育孩子。因此，许多学生成为由祖父母辈照料的留守孩子。这些学生大多来自农村小学，少数来自城区小学，他们的学习习惯和行为表现参差不齐。

学生的年龄普遍在 11～14 岁，正值叛逆期，加之多为独生子女，往往表现出以自我为中心的心态。由于父母忙于工作，孩子们在物质需求上往往能得到满足，但这种过度满足也导致他们形成了衣来伸手、饭来张口的习惯，以及自私、散漫等不良行为。这些行为模式使得他们容易无视班规校纪，难以融入群体。另外，我校离异家庭的学生数量较多，这些孩子往往承受着巨大的心理压力，这对他们的学习和成长造成了负面影响，也给班主任的班级管理工作带来了额外的挑战。

此外，随着信息化的快速发展，电脑和手机成为家庭必需品，但网络游戏成瘾成为部分学生面临的问题，它不仅影响学生的休息和上课状态，导致成绩下滑，还降低了他们参与班级活动的积极性，成为班级管理的难题。

面对此现状，班级民主管理显得尤为重要。

一、班主任需转变思想

在传统班级管理模式中，班主任往往扮演了权威者的角色，这在一定程度上导致了专权独断的管理风格，对我校班级的民主管理构成了阻碍。要实现班级民主管理，有效地管理班级，班主任必须转变管理理念，具体可以从以下四个方面着手。

（一）强化服务意识

班主任的核心职责是为班级和学生服务，应放下身段，辛勤耕耘，时刻关注班级动态，为班级和学生的成长提供全方位的支持。

（二）担当合作者与引导者

班主任应与学生建立合作关系，成为学生的引导者而非简单的决策者。在班会活动中，班主任应与学生共同商讨主题和活动形式，为学生提供合理的建议，并鼓励他们积极参与、自主决策。例如，在全校歌咏比赛中，班主任可以与学生一起选择歌曲、演出服、领唱和指挥等，让学生在参与中感受到自己的主体地位，激发其积极性和创造性。

（三）践行民主管理理念

班级管理应实现民主化，让师生共同参与班级事务的决策和管理。班主任在制定班级目标、选拔班干部、评定优秀学生和小组、处理常规事务和突发事件等方面，都应向学生坦诚说明其内容和意义，并鼓励学生集思广益、共同商议。通过民主管理，每个学生都能感受到自己的责任和义务，从而更加积极地参与班级管理。

（四）坚持平等思想

在班级管理中，班主任应摒弃独断专行的做法，与学生建立平等的关系。当学生违反班级规定时，班主任应冷静处理，与学生平等沟通，共同分析原因和解决办法。在卫生大扫除等活动中，班主任应率先垂范，激发学生的积极性和责任感。通过平等沟通和合作，师生共同为班级的发展贡献力量，形成和谐、融洽的班级氛围。

二、班主任需重视班干部民主选举

班主任应首先明确班干部的岗位职责和所需能力，以便学生了解哪些品质和能力是选举时应考虑的。召开班干部选举动员会，向学生说明选举的目的、意义和过程，鼓励学生积极参与。允许学生自荐或相互推荐成为候选人，确保每个人都有机会参与竞选。设立一个公平的投票机制，如无记名投票或举手表决等，确保每个学生都有平等的投票权，并确保选举过程的公正、公平和民主。这有助于培养学生的民主意识和参与意识，提高他们的责任感和使命感。

三、班级管理不能过度民主

班级管理如果过度民主，会有以下缺点：

第一，决策效率低下。在民主决策过程中，每个成员都有发表意见和投票的权利，这可能导致讨论时间过长，难以快速形成一致意见，特别是在存在意见分歧的情况下。

第二，可能导致混乱和冲突。民主管理强调学生的自主权和参与权，但如果没有明确的规则和制度来约束学生的行为，可能会导致班级管理的混乱和冲突。学生之间可能会因为意见不合而产生矛盾，影响班级的和谐氛围。

第三，缺乏权威和执行力。在过度民主的管理模式下，班主任或班干部的权威可能会受到挑战。如果学生的意见过于分散或存在争议，可能会导致班级决策的执行困难，缺乏必要的执行力。

四、班级民主管理总结

从班主任的角度来看，班级民主管理的实施需要明确目标、构建机制、激发热情、平衡民主与集中以及建立评估机制。通过这些措施的实施，可以有效地促进班级管理的民主化、规范化和科学化，为学生的全面发展和班级的稳定发展奠定坚实的基础。

从学生的角度来看，班级民主管理制度强调学生的主体性和参与性，让学生感受到自己在班级中的重要性和价值。当学生看到自己的观点和意见被采纳和实施时，会感到被尊重和认可，从而增强了对班级的归属感和认同感。班级民主管理制度注重公正、公平、公开的原则，也让学生感受到班级管理的透明度和公正性，这对原生家庭或成长环境比较特殊的学生调整心态，能起到积极作用。

班级自主管理
——成功做最好的自己

我国当代教育家叶圣陶曾深刻指出："什么是教育？教育就是要指导学生养成良好的习惯。"作为班主任，我深感责任重大，特别是在帮助学生培养良好的自主管理习惯方面。由于学生来自不同的成长背景，各自带有不同的行为习惯和规则意识。为了让他们顺利适应初中生活，塑造良好的行为习惯，结合政教处颁发的《学生管理手册》，我从多个角度出发，引导学生共同创建具有特色的班集体。

实践证明，一个积极向上的班集体能够激励学生不断进取，使他们在学习中更加积极、轻松，并充满热情。而要构建这样的班集体，良好的班级管理是不可或缺的。我坚信，真正的班级管理应该是自主管理。作为班集体的建设者和组织者，班主任不仅要通过严格的管理来维护班级秩序，更要教育和指导学生学会自我管理和自我约束，使每个学生都成为班级管理的参与者和推动者。

随着学生进入初中，他们的身体和心理都发生了显著的变化，自主意识逐渐增强，拥有自己的见解。面对这样的变化，作为班主任，应当顺应学生意识发展的规律，激发他们的自主意识，鼓励并引导他们实现自主管理。

在班级管理工作中，我始终致力于培养学生的自主管理能力。我通过班级会议、小组讨论等方式，让学生参与到班级管理的各个环节中来，让他们感受到自己的价值和责任。我相信，通过我的引导和学生的努力，我们能够共同构建一个充满活力、积极向上的班集体。

在此，我也非常愿意与各位老师分享我的班级管理经验，并接受大家的批评和建议。

一、学生自主管理的实施

（一）指导是前提

1. 对全体学生加以指导

在我担任班主任的初期，我充分利用了学生刚入学的第一次班会这一重要时刻，借助政教处发放的《中学生行为规范和守则》，为学生们明确了作为初中生应当遵循的行为准则。我强调了初中与小学阶段的差异，并着重从课上、课间、自习、值日、礼仪以及与老师和同学的交往等方面，为学生们提供了具体的行为指导，旨在引导他们如何成为一名合格的中学生。

我特别强调，学生要先学会做人，再学会学习。因为一个人的品格和行为习惯，远比成绩更为重要。一个品德高尚、行为得体的人，即使成绩暂时不尽如人意，也依然能够赢得他人的尊重和信任。相反，如果一个人品行不端，即使成绩再好，也难以在社会中立足。

为了帮助学生们培养良好的行为习惯，我详细阐述了以下几个方面的要求：

在课堂上，学生们应该保持专注，不扰乱课堂纪律，积极回答老师提出的问题，展现自己的思考和见解。课间休息时，应该与同学们友好相处，避免打闹和不文明行为，共同营造一种和谐融洽的班级氛围。在自习课上，学生们应该自觉主动地学习，不干扰其他同学，珍惜这段宝贵的自主学习时间。此外，值日的学生还应该及时打扫卫生，为班级创造一种干净整洁的学习环境。

2. 对班干部加以指导

根据我们班级的实际情况，我制定了班干部职责细则，以确保班级管理的有效性和公正性。

设立"班级日常管理小组"。其中包括班长和值日班长，他们主要负责学生在校时间内的纪律管理和卫生检查工作。他们的职责涵盖了对上课迟到早退、课堂纪律、课间行为、课间操出勤和做操质量以及卫生值日情况的检查与评分。通过这些措施，我们旨在营造一种秩序井然、卫生整洁的学习环境。

设立"班级学习管理小组"。该小组由副班长、学习委员和各科课代表组成。他们负责对本班同学的学习情况进行监督和评比，包括作业完成情况、是否有抄作业现象、课堂回答问题的积极性、小测验、月考以及期中考试的成绩等。我们将对表现优秀的小组给予奖励，以激励同学们更加努力地学习。

培养班干部处事公平的品质。我要求班干部敢管敢说，对任何同学一视同仁，不偏袒、不庇护。只有这样，才能确保班级管理的公正性和有效性。我也对班干部处理问题的方法进行指导，不鼓励"打小报告"，而是注重培养他们的自主性和工作方法。

（二）管理是关键

我们班的管理模式秉持着班主任的精心指导、班干部的分工管理以及全体学生的互相监督三大原则。考虑到初中学生，特别是初一新生，虽已开始懂事，但自控能力仍需进一步加强，因此运用以下管理模式。

首先，作为班主任，我深知班级事务繁多，因此在初一阶段，我事无巨细地指导和引导。例如，我坚持在自习课快结束时到校巡视，确保班级秩序井然。通过这样的参与和指导，我们班的自习课纪律得到了显著提升，几乎无需老师全程跟班。

其次，充分发挥班干部的作用，实施分工管理。每个班干部都有明确的工作任务，如班长和副班长负责全班的日常事务管理，学习委员安排早读，纪律委员维护日常纪律，值日班长则负责当天的所有事务，课代表则负责作业的收集和发放。这种分工明确的管理模式，不仅提高了管理效率，也培养了班干部的责任感和管理能力。

最后，强调学生之间的相互监督与自我约束。班级管理不仅仅是班主任和班干部的责任，更需要全体学生的参与。通过学生之间的相互监督，可以及时发现并纠正不良行为，促进良好行为习惯的养成。

（三）评价是动力

在学生的成长过程中，正确的评价是塑造其良好行为习惯的关键。对于初一的学生而言，及时的正面反馈和善意的指正更是他们改正不足、自我提升的重要动力。我采用了一套综合的评价体系，包括班主任的日常评价、值日班长的每日记录评价，以及课代表的每周总结评价，旨在全面、准确地反映学生在班级事务中的表现。

在这个评价体系中，学生的纪律表现由专门的纪律检查小组和全体同学共同监督，确保公正公平；卫生情况则由卫生委员负责细致检查，确保环境整洁。而其他方面，如学习、活动参与等，则由相应的班干部负责具体评价。

每月，我们会对学生的表现进行汇总，根据得分高低评选出表现最佳的学生，并给予相应的奖励。这样的奖励制度不仅让学生心服口服，还让他们感受到了付出与回报的对应关系，从而进一步激发了他们积极向上的动力和信心。

通过这种综合性的评价体系，我们班级形成了人人追求健康向上、自我管理的良好风气。每个学生都更加明确自己的责任和目标，积极参与班级管理，确保自主管理的顺利运行。这样的班级氛围不仅有利于学生的全面发展，也为他们未来的成长奠定了坚实的基础。

二、自主管理的基本成效

我坚信，培养良好的人格品质是教育的首要任务，而知识的获取和技能的掌握则紧随其后。在我看来，每个学生都拥有独特的价值，成绩并非衡量他们优劣的唯一标准。我坚信，一个人的能力固然有高低之分，但良好的品德总能让人对社会有所贡献，对他人有所裨益。

我始终将教育学生如何做人视为教育的核心。通过推行班级自主管理模式，我鼓励全班同学共同参与班级的管理，让他们深刻认识到一种和谐有序、学习氛围浓厚的班级环境对于个人成长的重要性。这种管理模式不仅锻炼了同学们的自主管理能力，还培养了他们正直、善良的品格。

在这个过程中，我欣喜地发现，班级里涌现出越来越多的好人好事。同学们懂得了班级的荣誉和形象需要每个人的共同维护，而一个优秀的班级更需要全体同学自觉遵守班规班纪和共同努力。这种变化不仅体现在班级纪律的改善上，更体现在同学们对班集体的热爱和归属感上。

教育是一项长期而细致的工作，没有固定的模式可以套用。每个班级都有其特点，每位班主任也都有自己的管理方法和策略。只要我们用心去发掘、去实践，就一定能找到最适合自己班级、最适合自己学生的教育方法。